JEAN-CLAUDE KAUFMANN

Chargé de recherche au CNRS (CERSOF, Université Paris V - Sorbonne)

L'ENTRETIEN COMPRÉHENSIF

ouvrage publié sous la direction de

François de Singly

NATHAN

Du même auteur

La Vie HLM, usages et conflits, Les Éditions Ouvrières, 1983.

La Chaleur du foyer, Méridiens-Klincksieck, 1988.

La Vie ordinaire, Greco, 1989.

La Trame conjugale, analyse du couple par son linge, Nathan, 1992.

Sociologie du couple, Presses Universitaires de France, 1993.

Corps de femmes, regards d'hommes, sociologie des seins nus, Nathan, 1995.

Faire ou faire-faire ? Famille et services (dir.), Presses Universitaires de Rennes, 1996.

Conception de couverture : Noémi Adda
Conception graphique intérieure : Agence Media

ISBN 209190469-0

SOMMAIRE

INTRODUCTION

Malgré des tentatives répétées, l'entretien semble résister à la formalisation méthodologique : dans la pratique il reste fondé sur un savoir-faire artisanal, un art discret du bricolage. Quand une méthode est exposée, c'est sous la forme d'un modèle abstrait, beau mais difficilement applicable. Alors que les manières de faire réellement utilisées se tapissent dans l'ombre, honteuses, comme coupables de ne se sentir guère présentables.

L'entretien est d'abord une méthode économique et facile d'accès. Il suffit d'avoir un petit magnétophone, un peu d'audace pour frapper aux portes, de nouer la conversation autour d'un groupe de questions, puis de savoir tirer du « matériau » recueilli des éléments d'information et d'illustration des idées que l'on développe, et le tour est presque joué : les débrouillards se fiant à leur bon sens peuvent parvenir à ficeler une enquête qui ait une allure à peu près honnête. Les problèmes se posent quand ils veulent récidiver et améliorer : ce qui d'emblée apparaissait facile résiste au perfectionnement. Mystère d'autant plus angoissant que l'ombre du jury de maîtrise ou de thèse se profile dans les mauvais rêves : ne sont-ce pas là justement les questions qu'il adore poser ? « Sur quels critères avez-vous construit votre échantillon ? Est-il représentatif ? Qui nous prouve que ce que vous dites est vrai ? » Questions qui ne sont pas toujours les plus pertinentes mais dont on comprend qu'un jury les pose. Car son rôle est d'être le garant du sérieux du travail. Or l'entretien est une méthode qui apparaît molle, justement trop facile d'accès, suspecte *a priori*.

L'apprenti-chercheur ouvre donc des manuels pour perfectionner ses outils. Et il découvre que le moindre sourire de l'enquêteur influence les propos de l'interviewé : tout doit être tellement étudié et contrôlé dans la conduite d'entretien qu'il devient très délicat de parler. Que l'analyse de contenu doit répondre à des règles tellement exigeantes qu'il ne voit pas comment les appliquer. Impressionné, il perd confiance en lui. Conscient de la distance qui le sépare du modèle, il est généralement contraint d'adopter un double langage : il dissimule les procédés qui lui ont permis d'avancer dans sa recherche et rédige un beau chapitre de méthodologie avec force citations, pour se protéger des critiques.

Cette situation n'est pas saine.

Elle tire son origine d'un fait essentiel, qui n'a pas été compris : il n'existe pas une méthode unique de l'entretien mais plusieurs, si différentes entre elles que les instruments qu'elles proposent ont des définitions contradictoires. Les essais de généralisation, aussi compétents soient-ils, ont pour effet de produire de la confusion en lissant ces contradictions. Voilà pourquoi le perfectionnement de la méthode est si difficile.

La démarche proposée ici résout la difficulté en ne traitant pas de l'entretien en général mais d'une méthodologie particulière : l'entretien compréhensif. Il s'agit d'une méthode à la fois peu répandue en tant que telle et très proche d'autres méthodes sur de nombreux aspects : elle emprunte beaucoup à des écoles voisines. Elle emprunte d'abord aux diverses techniques de recherche qualitative et empirique, principalement aux techniques ethnologiques de travail avec des informateurs. Mais, et c'est là l'originalité de ce livre, les données qualitatives recueillies *in situ* sont concentrées dans la parole recueillie sur bande magnétique, qui va devenir l'élément central du dispositif. Elle emprunte donc aussi à la technique habituelle de l'entretien semi-directif. Pourtant, les ethnologues seront déconcertés face à cette méthode qui permet par exemple d'analyser les pratiques en utilisant la parole, et les spécialistes de l'entretien semi-directif seront surpris de constater le grand nombre d'inversions de leurs consignes habituelles (sur la neutralité, l'échantillon, etc.). Situé au croisement d'influences diverses, l'entretien compréhensif constitue en effet une méthode très spécifique, avec une forte cohérence interne. Ce qui a pour effet de construire des frontières avec les courants voisins, malgré leur proximité.

La spécificité de l'entretien compréhensif pose le problème de son utilisation : la logique d'ensemble doit être comprise avant que tel ou tel élément soit utilisé séparément, dans l'esprit de la méthode. Cette spécificité pointue m'a également posé un problème pour la rédaction de ce livre en ce qui concerne les illustrations. Il aurait été possible de donner en exemple des travaux proches. Mais le risque d'approximation et de dilution auraient alors été si grand qu'il aurait été difficile de faire ressortir la cohérence d'ensemble. Il m'a donc semblé préférable de ne retenir que des travaux répondant strictement à l'esprit de la méthode. Or il se trouve que ce sont les miens. Ce n'est pas un hasard : les principes de l'entretien compréhensif ne sont rien d'autre que la formalisation d'un savoir-faire concret issu du terrain, qui est un savoir-faire personnel. Je me rapproche à nouveau ici des ethnologues et de leurs journaux de terrain (dont beaucoup constituent des boîtes à outils très efficaces pour les jeunes chercheurs), avec simplement un degré de formalisation et de généralisation plus élevé. Certains pourront penser que je fais montre ainsi d'immodestie. D'autant qu'à certains endroits je préfère employer la première personne du singulier plutôt que de généraliser. Je pense sincèrement que c'est du contraire qu'il s'agit : la crainte de généraliser à partir de manières de faire qui me paraissent trop personnelles.

Les exemples sont tirés de deux enquêtes (sur l'analyse du couple par son linge et sur la pratique des seins nus sur les plages) ayant débouché sur la publication de deux livres : *La Trame conjugale,* et *Corps de femmes, regards d'hommes.* Dans la suite du texte, ils seront indiqués de la façon simplifiée suivante : *La Trame* et *Corps.*

En dette vis-à-vis d'autres courants méthodologiques, je le suis aussi vis-à-vis de courants théoriques : l'entretien compréhensif ne se positionne pas n'importe où dans le paysage intellectuel. Le qualificatif, « compréhensif », donne déjà une indication. Il faut le comprendre ici au sens wébérien le plus strict, c'est-à-dire quand l'intropathie n'est qu'un instrument visant l'explication, et non un but en soi, une compréhension intuitive qui se suffirait à elle-même. L'objectif principal de la méthode est la production de théorie, selon l'exigence formulée par Norbert Elias : une articulation aussi fine que possible entre données et hypothèses, une formulation d'hypothèses d'autant plus créatrice qu'elle est enracinée dans les faits. Mais une formulation partant du « bas », du terrain, une *Grounded Theory* pour reprendre l'expression d'Anselm Strauss, particulièrement apte à saisir les processus sociaux. Cette rapide description de la constellation théorique dans laquelle s'inscrit l'entretien compréhensif serait incomplète sans que soit dit un mot sur la position du chercheur. Le modèle idéal en est défini par Wright Mills : c'est celui de « l'artisan intellectuel », qui construit lui-même sa théorie et sa méthode en les fondant sur le terrain. Comme nous le verrons, l'« imagination sociologique » doit toutefois obéir à des règles précises. L'entretien compréhensif est tout le contraire d'une méthode improvisée.

1

LE RENVERSEMENT DU MODE DE CONSTRUCTION DE L'OBJET

1. Le débat méthodologique

1.1 L'industrialisation de la sociologie

La sociologie donne l'impression de devenir plus scientifique. Après un siècle de productions intellectuelles à caractère général et souvent abstraites, ne sortant guère du domaine universitaire, le mouvement de spécialisation de la discipline provoque en certains domaines une professionnalisation remarquable. Le personnage du sociologue-expert s'installe dans la société : il maîtrise un secteur très pointu, et partage avec un groupe de responsables politiques, administratifs ou économiques, le savoir et le langage technique permettant d'intervenir avec compétence au plus haut niveau. Symbiose si réussie qu'il lui arrive de perdre quelque peu son âme de chercheur en cours de route : en se fixant sur des questions sociales il oublie les questions sociologiques. Face à cette montée de l'ingénierie sociale, le débat théorique classique perd de sa vivacité et de son intérêt : on comprend qu'il soit difficile de se passionner pour le concept d'anomie quand s'ouvre le vaste chantier de la lutte contre l'exclusion.

Écartelée entre expertise spécialisée et théorie abstraite, la sociologie a trouvé une troisième voie : l'industrialisation de la production de données. Le consensus semble général : le théoricien comme l'expert, le pouvoir politique ou les médias, ont besoin de données. Produire des données et les livrer avec une interprétation rudimentaire, un bref commentaire au plus près des faits et des chiffres, semble donc devenu un métier plein d'avenir : observatoires, agences, instituts et bureaux d'études se multiplient. Deux éléments importants caractérisent ce nouveau métier. Le premier est de répondre aux critères de la production industrielle : les hommes sont interchangeables, les techniques impersonnelles, le fonctionnement collectif et intégré (le mouvement est si puissant que le CNRS et l'université se sont désormais alignés sur ces critères pour constituer les laboratoires de recherche). Le second est la fuite en avant dans la sophistication des outils, la technique devenant l'instrument de l'objectivation scientifique au détriment de la théorie. L'interprétation, perçue comme contraire à la neutralité garantissant l'objectivité, est réduite au minimum, la lecture de ce qui a déjà été écrit (excepté pour d'autres productions de données du même type) est négligée au profit de la seule exposition des données. L'essentiel de l'effort est concentré sur la technique méthodologique, jusqu'à produire une véritable obsession de la méthode pour la méthode, artificiellement séparée de l'élaboration théorique. Ceci explique qu'une certaine manière de pratiquer l'entretien de recherche, impersonnelle et refusant l'interprétation, ait réussi à s'imposer au point d'apparaître (abusivement) comme la seule méthode sérieuse possible.

1.2 L'artisan intellectuel

En 1959, Wright Mills avait déjà violemment dénoncé cette évolution qu'il observait aux États-Unis, et qu'il considérait comme une dérive. Pour cet auteur, le méthodologisme s'inscrit dans un mouvement de bureaucratisation de la société, une « rationalisation sans raison » qui réduit l'impact des idées sur la marche des choses. Norbert Elias (1991a, p. 160) parle du « rétrécissement de la perspective sociologique » et de l'« étiolement de l'imagination », dus à la spécialisation et à la technicisation. La portée sociale du débat sur le rapport entre théorie et méthode est donc on le voit considérable.

Pour combattre l'« empirisme abstrait » de la production de données brutes et du formalisme méthodologique, ainsi que la théorie livresque et la spécialisation bornée, Wright Mills prend pour modèles les grands auteurs classiques et prône une figure qui ne lui semble nullement périmée : celle de l'« artisan intellectuel ». L'artisan intellectuel est celui qui sait maîtriser et personnaliser les instruments que sont la méthode et la théorie, dans un projet concret de recherche. Il est tout à la fois : homme de terrain, méthodologue et théoricien, et refuse de se laisser dominer ni par le terrain, ni par la méthode, ni par la théorie. Car se laisser ainsi dominer « c'est être empêché de travailler, c'est-à-dire de découvrir un nouveau rouage dans la machine du monde » (1967, p. 127).

La place de l'artisan intellectuel dans l'avenir des sciences humaines et sociales mériterait d'être débattue : il serait sans doute très préjudiciable qu'elle soit laminée par l'industrialisation de la production de données. Actuellement, cette posture demeure importante au moins dans un contexte particulier : celui de l'étudiant s'exerçant à son premier travail de recherche. Ce qui est en effet demandé à ce dernier est de fournir la preuve qu'il est apte à construire un objet scientifique, qu'il est capable d'utiliser un certain nombre d'instruments dans un objectif précis : faire progresser la connaissance en partant d'un terrain d'enquête. Tout cela par ses propres moyens (avec la seule aide de son directeur de recherche). Le maintien de la posture de l'artisan intellectuel pour les étudiants explique que l'enseignement des classiques reste fort à l'université, alors que leur utilisation disparaît presque totalement dans les secteurs les plus spécialisés ou réservés à la production de données. D'où la fracture maintes fois signalée entre enseignement et métiers de la sociologie.

Dans une posture particulière, l'apprenti-chercheur ne peut avoir accès aux différentes méthodes disponibles avec un égal bonheur. Les techniques très formalisées, de plus en plus introduites dans l'enseignement universitaire, brillent de tous leurs feux séducteurs et se présentent à lui comme des gages à la fois de scientificité et de modernisme. Beaucoup sont tentés. Beaucoup aussi sont déçus. D'abord parce qu'elles requièrent des moyens importants, dont ne dispose pas l'étudiant solitaire. Ensuite parce qu'il est surtout demandé à l'apprenti-chercheur de faire progresser la connaissance : or l'énergie dépensée pour maîtriser la technique ne laisse guère de temps pour la théorie. Les méthodes adaptées à un usage artisanal plutôt qu'industriel permettent davantage d'apprendre à construire l'objet scientifique dans toutes ses dimensions. L'entretien compréhensif entre dans cette catégorie. C'est un instrument souple, subordonné à la fabrication de la théorie.

1.3 Débat méthodologique et débat théorique

L'industrialisation de la production de données et la spécialisation grandissante ont incontestablement affaibli le débat théorique : chacun s'intéresse avant tout à ses affaires et évite d'autant plus facilement la polémique que l'intérêt diminue pour ce que fait le voisin. L'accumulation des résultats devient compartimentée et aseptisée, parfaitement positive dans un monde de la recherche qui officiellement dénonce pourtant le positivisme. Bien qu'affaibli et condamné à la discrétion, le débat parvient malgré tout à se mener, et même à progresser dans des directions nouvelles, relevées par Philippe Corcuff (1995) : les articulations micro-macro, individuel-collectif, subjectif-objectif. L'auteur regroupe ces thèmes dans une « galaxie constructiviste », qui devient un point de référence essentiel dans le paysage intellectuel.

Le paradoxe est que dans le même temps un autre courant est porté par l'air du temps, cette fois dans le domaine méthodologique (le formalisme impersonnel de la production industrialisée des données), et qu'il est en décalage absolu avec les thèmes en vogue, car particulièrement mal adapté aux analyses des articulations et des processus. En d'autres termes, une vaste polémique est en train de se développer, mais de façon masquée : les uns déployants leur bannière conceptuelle, les autres ne ferraillant (en apparence) qu'au nom du sérieux de la méthode. En d'autres termes encore : le débat de méthode est aujourd'hui un débat théorique qui souvent s'ignore (et qui engage l'avenir de la discipline). Autour de la question de la place de la théorie, et du contenu de cette théorie. Le présent livre s'inscrit dans ce débat et prend clairement position. Pour une sociologie des processus, restant fermement arrimée à l'invention théorique.

1.4 La multiplicité des méthodologies de l'entretien

L'entretien dans les sciences humaines et sociales a déjà une longue histoire. Son origine est multiple : enquêtes sociales du XIXe siècle, travail de terrain des ethnologues, entretiens cliniques de la psychologie. Et il s'inscrit aujourd'hui dans une vaste nébuleuse de pratiques plus ou moins proches des critères scientifiques : études de motivation, interviews journalistiques, etc. De cette histoire très riche deux éléments peuvent être soulignés. Premièrement une tendance à accorder davantage d'importance à l'informateur. À l'entretien administré comme un questionnaire s'est progressivement substituée une écoute de plus en plus attentive de la personne qui parle. L'apport de Carl Rogers (1942) a marqué une étape essentielle en ce sens ; l'entretien compréhensif s'inscrit dans la poursuite de cette évolution. Deuxièmement, et ceci brouille les cartes : la variété des méthodes est très grande. Chaque enquête produit une construction particulière de l'objet scientifique et une utilisation adaptée des instruments : l'entretien ne devrait jamais être employé exactement de la même manière. Pour les deux recherches qui nous serviront d'exemple tout au long de ce livre, les protocoles ont été très différents. Dans l'analyse du couple par son linge, vingt ménages seulement ont été interrogés, pendant deux ans. J'ai pris le temps de plonger dans les histoires personnelles, de susciter les confidences, de fouiller le passé : la richesse du matériau est dans la densité complexe de la chair biographique. Dans l'enquête sur les seins nus, pour une même durée de deux ans, trois cents personnes ont été interrogées, beaucoup plus brièvement, le plus souvent non dans l'univers intime mais dans celui plus ludique de la plage. Le style est nettement plus vif et incisif, les questions parfois abruptes ou sournoises : la richesse du matériau est dans la très grande diversité des réponses sur les points de détail les plus fins.

La multiplicité des méthodes porte aussi sur la place occupée par les entretiens dans le dispositif de recherche. Il est assez fréquent qu'ils se limitent à être un instrument complémentaire : entretiens exploratoires permettant de lancer et de cadrer une enquête ; entretiens d'illustration pour donner de la vie à des démonstrations trop sèches ; entretiens croisés avec d'autres méthodes, notamment statistiques (Battagliola, Bertaux-Viame, Ferrand, Imbert, 1993). Lorsqu'ils sont utilisés de façon principale voire exclusive, la diversité des méthodes peut alors être ramenée à deux pôles : comprendre ou décrire, mesurer. Dans le premier cas l'entretien est un « support d'exploration » ; dans le second une « technique de recueil d'information » (Gotman, 1985, p. 166). L'entretien support d'exploration est un instrument souple aux mains d'un chercheur attiré par la richesse du matériau qu'il découvre. Ne pouvant se résoudre à abandonner ce filon, il devient sourd aux critiques qui l'assaillent, l'enjoignant à faire preuve de davantage de rigueur et de méthode. Il n'est pas contre. Mais quand il essaie d'appliquer les instruments qu'on lui conseille, il perd la trace de son trésor. La technique du recueil d'information est au contraire un modèle de vertu méthodologique. Hélas le bel instrument ne ramène qu'un matériau pauvre du point de vue du savoir sociologique. Comme si l'entretien (et plus largement le travail qualitatif) était frappé d'une mystérieuse malédiction : entre le riche mais mou et le dur mais pauvre, il semble impossible de parvenir à un juste milieu. C'est ainsi que depuis la première École de Chicago, celle de William Thomas et de Robert Park, le conflit des méthodes est scandé par un lancinant mouvement de balancier, dessinant les modes du moment : un coup vers le mou, un coup vers le dur. Après une période d'orgie qualitative, un écœurement se fait jour au vu de la licence ambiante, de la liberté laissée à chacun de faire un peu n'importe quoi. C'est l'heure des cours de méthode, de la discipline (et de l'affaiblissement de la productivité des enquêtes). Puis des chercheurs redécouvrent la richesse du terrain, et font sauter les carcans qui brident la découverte.

Le temps semblait à la discipline, jusqu'au retournement (ou au retour aux sources ethnologiques ?) de Pierre Bourdieu dans *La Misère du monde*. Les critiques ne se sont pas fait attendre (Mayer, 1995). Il est vrai que les propositions du co-auteur plus orthodoxe du *Métier de sociologue* ressemblent fort à une incitation à retourner vers le mou après une période trop dure. Mais la critique formaliste est facile : l'important n'est-il pas qu'un chercheur ait le courage de proclamer sa conviction que nous ne savons pas écouter la richesse contenue dans les entretiens ? Aujourd'hui le débat est ouvert. Le défi est de parvenir justement à éviter un nouveau retour vers une phase molle. Bien que le travail qualitatif contienne à l'évidence une part d'« empirisme irréductible » (Schwartz, 1993), des principes de rigueur devraient pouvoir être mis en évidence, qui permettent enfin de combattre le laisser-aller tout en protégeant la richesse.

1.5 L'entretien impersonnel

Deux points semblent aujourd'hui progresser dans la méthodologie de l'entretien. En vérité ils font surtout l'objet d'un consensus dans la plupart des manuels : la conduite d'entretien et l'analyse de contenu. Chacun des deux a ses spécialistes et ses techniques, qui se rejoignent dans un ensemble relativement cohérent : une conception impersonnelle et standardisée de l'entretien. Les entretiens directifs, ayant fait la preuve de leur faible efficacité, sont désormais très peu utilisés ; il est donc conseillé à l'enquêteur de rester relativement libre de ses questions. Par contre la situation d'entretien suscite une attention de plus en plus focalisée, la chasse étant déclarée à toutes les influences de l'interviewer sur l'interviewé. La conséquence est de tendre vers une présence la plus faible possible de l'enquêteur (la « personnalisation des conduites d'entretien pose problème » ; Blanchet, 1985, p. 9), une absence en tant que personne ayant des sentiments et des opinions. La retenue de l'enquêteur déclenche une attitude spécifique chez la personne interrogée, qui évite de trop s'engager : à la non-personnalisation des questions fait écho la non-personnalisation des réponses.

Le matériau aseptisé recueilli de cette façon est idéal pour une analyse de contenu elle-même impersonnelle, où le chercheur tente de réduire autant que possible ses propres interprétations. L'ensemble pourrait prendre une place privilégiée dans la production industrielle de données, notamment avec le développement informatique des analyses de contenu. Le but visé, souligne Anne Gotman, serait alors celui d'une conduite d'entretiens et d'un traitement des données standardisés, pour qu'il soit « possible de conduire tous les autres entretiens de la même manière, afin de réduire au minimum les variations d'un entretien à l'autre ». Mais, conclut-elle, « pour gagner en extension, on se condamne à perdre en relief » (Gotman, 1985, p. 173).

L'entretien compréhensif, comme nous le verrons, s'inscrit dans une dynamique exactement inverse : l'enquêteur s'engage activement dans les questions, pour provoquer l'engagement de l'enquêté ; lors de l'analyse de contenu l'interprétation du matériau n'est pas évitée mais constitue au contraire l'élément décisif.

1.6 L'analyse de surface

L'opinion d'une personne n'est pas un bloc homogène. Les avis susceptibles d'être recueillis par entretiens sont multiples pour une même question, voire contradictoires, et structurés de façon non aléatoire à différents niveaux de conscience. La méthode de l'entretien standardisé touche une strate bien précise : les opinions de surface, qui sont les plus immédiatement disponibles. Matériau qui n'est pas en soi inintéressant. Il est par contre préjudiciable de penser que l'analyse porte sur les profondeurs, ou pis encore, sur la totalité du

« contenu ». Le terme d'« analyse de contenu » est d'ailleurs très mal adapté pour les méthodes qui l'utilisent et dont la caractéristique est de travailler sur le plus explicite et le plus apparent. L'idée de « contenu » elle-même est problématique, dans le mesure où elle laisse entendre qu'il pourrait être livré de manière intégrale, comme un sac que l'on vide. Or il est très important de bien comprendre que ceci est absolument impossible : tout entretien est d'une richesse sans fond et d'une complexité infinie, dont il est strictement impensable de pouvoir rendre compte totalement. Quelle que soit la technique, l'analyse de contenu est une réduction et une interprétation du contenu et non une restitution de son intégralité ou de sa vérité cachée.

Instruments adaptés à l'industrialisation de la production de données, les techniques standardisées (et informatisées) d'analyse de contenu sont sans doute promises à se développer. Mais elles sont pertinentes surtout pour un certain type de messages, déjà codifiés et explicites, comme les petites annonces ou, dans une moindre mesure, la presse (Cibois, 1985), le discours politique, la publicité. Le texte des horoscopes par exemple est un matériau idéal : « court et concis tout en constituant en lui-même un système clos, fini » (Bardin, 1977, p. 72). Les entretiens au contraire sont non seulement d'une richesse et d'une complexité difficilement réductibles, mais ont la particularité de dissimuler l'essentiel dans les détours et les biais de la conversation (Jullien, 1995), dans les « ratés de la parole claire » (Poirier, Clapier-Valladon, Raybaut, 1983), dans les « digressions incompréhensibles » et les « dénégations troubles » (Bardin, 1977, p. 94). L'analyse standardisée de contenu ne récolte que le plus manifeste (Michelat, 1975), quand ce ne sont pas les « opinions flottantes », dont la seule fonction est de « maintenir la communication verbale » (Peneff, 1990, p. 85), ou les formes lexicales et syntaxiques, loin du contenu profond, lorsque les méthodes sont d'inspiration linguistique. La multiplication des techniques d'analyse de contenu n'est souvent que « la projection sur la surface des textes de la prolifération des théories de la production du discours » (Léger, Florand, 1985, p. 238). La technique la plus grossière étant celle du « sac à thèmes », où le comptage des items produit un « laminage » et détruit « définitivement l'architecture cognitive et affective des personnes singulières » (Bardin, 1977, p. 95).

Le problème est avant tout dans le mode de présentation de la méthode. Comme le souligne Michel Messu : « Si le recours à la compréhension du sens ne saurait à nos yeux être en soi condamnable, propager l'illusion que l'on peut y échapper le devient » (1991, p. 30). L'autre aspect condamnable des techniques standardisées d'analyse de contenu (et plus largement des principes de l'entretien impersonnel) est de se présenter comme les seules méthodes sérieuses disponibles. Ce qui est doublement abusif. Parce qu'elles ne représentent qu'une manière particulière de conduire les entretiens et d'analyser le matériau, adaptée seulement à certains contextes et relativement peu employée, ne pouvant donc prétendre à l'hégémonie. Et secondairement parce que la preuve de leur efficacité, même dans ces domaines limités, n'est pas encore vraiment faite.

2. Une autre façon de produire la théorie

2.1 Qu'est-ce que « construire l'objet » ?

« Construire l'objet » est une expression qui est devenue si courante en sociologie que chacun est souvent amené à l'employer sans même en saisir clairement le sens. Il est généralement intéressant de s'interroger sur de telles expressions fétiches d'une discipline. Particulièrement concernant l'entretien compréhensif, qui propose un renversement du mode de construction de cet objet. L'expression vient en fait des sciences dures et de la théorie classique de la connaissance : l'objet est ce qui parvient à être séparé de la connaissance commune et de la perception subjective du sujet grâce à des procédures scientifiques d'objectivation. Dans sa volonté de fonder et de faire reconnaître la sociologie en tant que science, Émile Durkheim (1947) a été conduit à mettre fortement en avant cette idée de la séparation d'avec le monde subjectif, de la « chosification » du social. Depuis, l'obsession de la « rupture épistémologique » et de l'objectivation n'a plus quitté la sociologie, et cela d'autant que la discipline n'arrivait pas à atteindre une objectivation d'une qualité comparable à celle qui est obtenue dans les sciences dures. C'est ainsi que les notions d'objet sociologique et de construction de l'objet sont devenues centrales et d'un usage banalisé.

2.2 Théorie et technique

À l'aide de quels instruments s'opère la séparation avec le sens commun et les perceptions subjectives ? Sur cette question, deux conceptions de la sociologie s'affrontent. Pour les uns, l'instrument prioritaire, sinon exclusif, est la technique méthodologique, la rigueur formelle, notamment sous la forme idéale de la modélisation mathématique. Pour les autres, la technique reste subordonnée à l'élément prioritaire de l'avancée scientifique : l'hypothèse, le concept, la théorie. Norbert Elias considère ainsi que le facteur décisif de la prise de distance avec le savoir spontané est dans « la manière de poser les problèmes et de construire les théories » (1993, p. 33). Prendre la technique comme « critère décisif de la scientificité ne touche pas au cœur du problème » (1991, p. 65), et constitue en fait une preuve de faiblesse de la sociologie, qui, subissant la pression idéologique de modèles mieux établis, cherche ainsi à se protéger. La technique seule ne peut permettre de construire la distance nécessaire à l'objectivation : elle n'en prend que l'apparence, mais l'objet reste plat. C'est la théorie qui lui donne du volume. Étant bien entendu que, pour ne pas dériver vers la spéculation abstraite, elle doit procéder par hypothèses et procédures de vérification aussi rigoureuses que possible.

2.3 Le modèle classique

Les conceptions formalistes et techniques, « plus scientistes que scientifiques », « manquent presque toujours l'essentiel », en se fixant sur les « signes extérieurs de la rigueur » (Bourdieu, 1993, p. 903). Elles constituent une dérive par rapport au modèle classique de l'objectivation, qui intègre les deux éléments : théorie et méthode. La construction de l'objet suit dans ce modèle une évolution bien codifiée : élaboration d'une hypothèse (elle-même fondée sur une théorie déjà consolidée), puis définition d'une procédure de vérification, débouchant généralement sur une rectification de l'hypothèse. L'entretien compréhensif reprend les deux éléments (théorie et méthode), mais il inverse les phases de la construction de l'objet : le terrain n'est plus une instance de vérification d'une problématique préétablie mais le point de départ de cette problématisation. Les conceptions impersonnelles de l'entretien, qui dominent actuellement dans les livres de méthodologie, se rapportent au contraire au modèle classique (quand elles ne dérivent pas vers le technicisme formel). Ceci explique l'importance des divergences entre ce type d'entretien et l'entretien compréhensif, qu'il est très important de saisir pour éviter les confusions. Dans l'entretien impersonnel, la problématique est formée pour l'essentiel dans la phase initiale, puis le protocole d'enquête est fixé comme instrument de vérification et de recueil des données : l'échantillon doit donc être soigneusement élaboré, voire tendre à la représentativité, la grille de questions standardisée et stabilisée, la conduite d'entretien marquée par une réserve de l'enquêteur. Enfin l'analyse de contenu tente de s'en tenir le plus strictement possible aux données, sans interprétation. En inversant le mode de construction de l'objet, en commençant par le terrain et en ne construisant qu'ensuite le modèle théorique, l'entretien compréhensif change radicalement la définition de la plupart des techniques d'enquêtes utilisées dans l'entretien de type impersonnel.

2.4 La rupture progressive

La rupture avec le sens commun, pour constituer l'objectivation scientifique, est souvent présentée en sociologie avec tambours et trompettes, d'une façon grandiloquente qui la positionne comme une référence sacrée. Cette forme solennelle (qui, comme souvent, témoigne d'une fragilité), est associée à une conception radicale de la rupture : la sociologie est censée révéler un sens caché, complètement différent, dont les acteurs seraient totalement incapables d'avoir conscience, même partiellement ; le discours scientifique idéal est le contraire absolu du savoir commun, ce qui met en lumière son caractère de faux savoir, d'illusion. Une telle conception est l'arrière-fond nécessaire du modèle classique : il faut réaliser la rupture pour produire du savoir scientifique et le mode de construction de l'objet (hypothèse puis vérification) ne permet de la réaliser que de façon brutale. Écrits épistémologiques et méthodologiques font donc facilement l'unité autour de cette notion : l'objectivation consiste à introduire une rupture nette, en opposition avec le savoir commun. Pourtant, dans ses définitions extrêmes, elle ne résiste pas à l'épreuve des faits : le savoir commun n'est pas un non savoir, il recèle au contraire des trésors de connaissance (que ne sait guère exploiter le chercheur). De cette constatation, que le sociologue fait régulièrement dès qu'il retourne sur le terrain, sont nés des mouvements de contestation de la « rupture épistémologique », notamment l'ethnométhodologie : savoir commun et savoir scientifique s'enchaîneraient dans une parfaite continuité. Or, de la même manière que le modèle classique pousse à une définition trop radicale de la rupture, l'opposition trop radicale à ce modèle débouche sur une impasse : le savoir scientifique repose sur des principes particuliers, dont il faut rendre compte.

Le débat épistémologique reste bien entendu ouvert, et il dépasse le sujet de ce livre. Ces quelques lignes étaient cependant nécessaires, car l'entretien compréhensif définit une modalité très spécifique de la rupture, progressive, en opposition non pas absolue mais relative avec le sens commun, dans un aller-retour permanent entre compréhension, écoute attentive, et prise de distance, analyse critique. L'objectivation se construit peu à peu, grâce aux instruments conceptuels mis en évidence et organisés entre eux, donnant à voir le sujet de l'enquête d'une façon toujours plus éloignée du regard spontané d'origine ; mais sans jamais rompre totalement avec lui. Ce qui permet de continuer à apprendre du savoir commun même quand la construction de l'objet atteint une dimension qui fait ressortir son caractère limité.

Un tel mode de construction de l'objet est typique des méthodes qualitatives, qui sont confrontées à la très grande richesse informative du terrain : la problématisation ne peut être abstraite de ce foisonnement. Ce qui développe une posture de curiosité, d'attente, d'ouverture, voire de passivité, dans les phases préliminaires de l'enquête (Schwartz, 1993). Anselm Strauss va même jusqu'à conseiller de se laisser imprégner par le terrain pour découvrir les premières hypothèses. Je préfère personnellement partir avec une idée en tête, mais la suite est identique : l'objet se construit peu à peu, par une élaboration théorique qui progresse jour après jour, à partir d'hypothèses forgées sur le terrain. Il en résulte une théorie d'un type particulier, frottée au concret, qui n'émerge que lentement des données. Ce qu'Anselm Strauss (1992) appelle la *Grounded Theory*, la théorie venant d'en bas, fondée sur les faits.

2.5 La sociologie compréhensive

La perspective compréhensive a toujours été très proche des questions posées à la méthodologie qualitative : l'homme ordinaire a beaucoup à nous apprendre, et les techniques formelles à la base du travail de type explicatif ne parviennent à rendre compte que d'une infime partie de ce savoir. Le terme de sociologie compréhensive, qui a actuellement d'autant plus les faveurs que sa définition reste vague, renvoie cependant à des sensibilités différentes. Dès l'origine, Wilhelm Dilthey l'avait positionné en opposition radicale à l'explication. La compréhension devient alors une pure saisie d'un savoir social incorporé par les individus : il suffit de savoir faire preuve de curiosité et d'empathie pour le découvrir. Cette conception a fait recette : elle est à la base de courants organisés, et de tendances plus spontanées, qui prennent prétexte de l'aridité du formalisme méthodologique pour abandonner tout effort de rigueur, se laissant aller à l'impressionnisme et à l'intuition sans contrôle. Excepté dans quelques phases du travail, un tel positionnement est une impasse pour les méthodes qualitatives, qui se condamneraient à ne pas progresser et à renforcer la suspicion à leur égard. Au contraire elles ont tout intérêt à produire un effort continu, pour parvenir à constituer une objectivation, mais selon des modalités différentes de celles des méthodes quantitatives.

Elles peuvent pour cela s'appuyer sur une autre définition de la sociologie compréhensive, en fait la plus répandue (Pugeault, 1995), qui est notamment celle qui fut élaborée par Max Weber en réaction contre Wilhelm Dilthey. Pour Max Weber (1992), si compréhension et explication ont des points de départ situés à des pôles opposés, la sociologie doit s'insurger contre l'idée qu'il s'agisse de deux modes de pensée séparés. La démarche compréhensive s'appuie sur la conviction que les hommes ne sont pas de simples agents porteurs de structures mais des producteurs actifs du social, donc des dépositaires d'un savoir important qu'il s'agit de saisir de l'intérieur, par le biais du système de valeurs des individus ; elle commence donc par l'intropathie. Le travail sociologique toutefois ne se limite pas à cette phase : il consiste au contraire pour le chercheur à être capable d'interpréter et d'expliquer à partir des données recueillies. La compréhension de la personne n'est qu'un instrument : le but du sociologue est l'explication compréhensive du social.

2.6 Théorie et terrain

La question du rapport entre théorie et terrain est au cœur de la sociologie compréhensive (et de la méthodologie qualitative). Dans la tradition des sciences humaines et sociales, est défini comme théorique ce qui est abstrait (plutôt sous la forme d'une architecture conceptuelle imposante que sous celle de l'hypothèse naissante). Définition à partir de laquelle la théorie dérive souvent vers un art du langage : devient théoricien celui qui sait parler théorie et a une culture théorique. C'est ce que Wright Mills (1967) dénonce sous le nom de « Suprême-Théorie », celle qui a oublié de rester un simple instrument aux mains du chercheur, dont l'objectif devrait toujours être non pas la production de théorie pour la théorie mais la découverte, la capacité de rendre intelligible le social grâce à la théorie. Pour cela, il faut confronter régulièrement et de façon contrôlée les modèles d'explication avec les faits : telle est la fonction de la méthode. La méthode, comme la théorie, est un instrument, qui devrait savoir rester souple, variable, évolutif. Norbert Elias souligne un point important : la méthode évolue historiquement, et le point crucial de l'évolution est justement la « confrontation critique » entre théories et observations, « mouvement pendulaire ininterrompu entre deux niveaux du savoir » (1993, p. 35). Le défaut (qui tend historiquement à diminuer) est de séparer ces deux niveaux, ce qui produit d'un côté des spéculations non fondées, de l'autre une connaissance empirique désordonnée et confuse. Le progrès de la méthode ne peut être réalisé que par une articulation toujours plus fine entre théorisation et observation. L'entretien compréhensif a l'ambition de se situer très clairement dans cette perspective, de proposer une combinaison intime entre travail de terrain et fabrication concrète de la théorie.

3. La validité des résultats

3.1 La cible des critiques

Pour qui ne saisit pas l'ensemble de la démarche, l'entretien compréhensif peut paraître suspect de manque de rigueur. Comparé à ce qui est connu de l'entretien standardisé, les outils peuvent en effet donner l'impression d'être flottants, de varier selon les envies du chercheur, qui de plus, ne se prive pas d'interpréter de façon personnelle le matériau. Régulièrement, la critique tourne donc autour de la même question : qu'est-ce qui vous permet de dire cela, quelle est la validité scientifique de vos résultats ? Critique légitime, car il s'agit bien du point faible de la méthode, mais critique souvent mal posée et gonflée à l'excès, par incompréhension du mode particulier de construction de l'objet.

Il est d'ailleurs curieux de constater combien le traitement est différent quand un travail se présente sous une forme théorique classique : la question de la validité des propositions est rarement posée. Au contraire, quand un chercheur se permet quelques interprétations un peu libres à partir de ses observations (qu'elles soient qualitatives ou quantitatives, entretiens ou tableaux), elle surgit rapidement. Comme si la séparation des domaines, critiquée par Norbert Elias, était encore tellement ancrée dans les mentalités (la théorie lieu de la spéculation, les données lieu de la mesure ou de la stricte description) que les interdits portent surtout sur les articulations (alors que c'est par là justement que peut progresser le mode de construction de l'objet). De plus, la pression prend une forme spécifique : elle porte non pas sur le fond des résultats mais sur les instruments, exigeant que des preuves techniques soient fournies comme garantie du sérieux du travail. Olivier Schwartz s'élève contre cette volonté de vouloir imposer un « modèle fort » de rigueur méthodologique à la recherche qualitative, ce qui « mutilerait ses possibilités de découverte » (1993, p. 266).

3.2 L'incompréhension du renversement

Dans différentes instances de jugement des travaux de recherche, il est fréquent que les débats tournent à l'aigre quand il est question de méthodologie qualitative. *Primo* parce que n'est pas toléré le degré de liberté revendiqué par Olivier Schwartz. *Secundo* parce que n'est pas compris le renversement du mode de construction de l'objet, y compris quand celui-ci parvient à sortir de l'empirisme de façon nette. Sur le premier point, il est essentiel de saisir que les méthodes qualitatives ont davantage vocation à comprendre, à détecter des comportements, des processus ou des modèles théoriques, qu'à décrire systématiquement, à mesurer ou à comparer : à chaque méthode correspond une manière de penser et de produire du savoir qui lui est propre. Sur le deuxième point, Anselm Strauss dénonce l'aveuglement de certaines critiques adressées à la *Grounded Theory*. Dans le modèle classique, une hypothèse est avancée, puis testée par un protocole d'enquête. Ce dernier doit donc être particulièrement rigoureux, car il joue le rôle de garantie de la validité des résultats. Dans le cadre des méthodes qualitatives produisant une théorie fondée sur les faits, ce test (outre qu'il est techniquement souvent impossible) n'a pas lieu d'être, puisque le terrain est déjà la contrainte initiale, que les hypothèses lancées ne sont pas formelles mais issues elles-mêmes de l'observation : l'ordre des phases est renversé.

Résumons-nous. L'entretien compréhensif, comme les autres méthodes qualitatives, ne peut prétendre à un même degré de présentation de la validité de ses résultats que des méthodologies plus formelles, car il renferme une part d'« empirisme irréductible ». Ce serait une erreur de le pousser dans le sens du formalisme, car sa productivité inventive en serait diminuée. Par contre il s'inscrit dans un autre modèle de construction de l'objet, qui part d'une base solide, l'observation des faits, et doit trouver ensuite les éléments spécifiques lui permettant d'éviter les dérives subjectivistes.

3.3 Les critères de l'évaluation

Dans le modèle classique, le protocole d'enquête joue en lui-même le rôle de preuve : la sanction est donc immédiate et la communauté scientifique peut juger de la validité du test. Dans l'entretien compréhensif, les hypothèses sont tirées de l'observation, ce qui est une bonne garantie de départ, mais pas une garantie à l'arrivée : le chercheur peut en effet se laisser aller à des interprétations abusives, qu'il sera difficile de déceler. Difficile mais pas impossible : le jugement de la validité des résultats d'un travail qualitatif exige une attention très précise, sur le fond.

L'important est de comprendre que les instruments techniques offrent peu de garanties, contrairement au processus classique hypothèse-vérification, car ils ne jouent pas le rôle de test. Il ne sert donc à rien de s'acharner sur eux, le seul effet, très dommageable, étant de dissuader les tentatives d'interprétation et de construction d'objet théorique. Les preuves sont à chercher ailleurs. D'abord dans la « cohérence de l'ensemble de la démarche de recherche » (Quivy, Van Campenhoudt, 1988, p. 225), la façon dont les hypothèses sont appuyées sur des observations et articulées entre elles, les généralisations contrôlées. Ensuite dans l'analyse précise du modèle qui est dégagé, et dans son adéquation aux faits. Même le modèle théorique le plus parfait a ses failles, surtout quand il est confronté aux données (à plus forte raison quand il s'agit de la fragile élaboration d'un apprenti-chercheur). Enfin dans le jugement sur les résultats plus concrets. L'évaluateur est censé connaître le domaine investigué, les statistiques, les travaux recoupant le sujet. Il peut donc mettre en doute certaines propositions et demander des compléments d'information.

3.4 Modèle social et modèle sociologique

Deux niveaux de théorisation peuvent être dégagés : la modélisation sociale, qui décrit un comportement ou un processus encore mal connus, et la modélisation sociologique, qui propose un nouveau groupe de concepts. Ces deux niveaux renvoient à des instances différentes qui, à moyen ou long terme, peuvent participer à l'évaluation de la validité des résultats, en dehors des personnes ayant officiellement pour fonction de juger. Le modèle social est susceptible d'être discuté dans les instituts de production de données, mais aussi dans les médias ou dans des débats publics. L'homme ordinaire est en effet compétent pour dire si ce qui est dit de lui correspond ou non à ce qu'il en sait. Certes l'homme ordinaire n'a pas toujours raison. Mais si une majorité d'hommes ordinaires se prononce contre la véracité d'un modèle social, il est fort probable que ce dernier doive être revu. Le modèle sociologique, s'il a belle allure et de la chance, a pour sa part un long avenir de critiques et de tentatives d'invalidation qui s'ouvre devant lui : plus il aura l'audace de briller au firmament des modèles, plus il subira les assauts.

Le rythme de la critique des modèles sociologiques est généralement plus lent. Dans *La Trame*, je dégage un modèle social, l'entrée progressive en couple, et un modèle sociologique, la dynamique de la mémoire du corps.

Autour du premier, de nouveaux chiffres ne cessent d'être diffusés et des enquêtes diverses d'être lancées : chacun peut ainsi juger de façon plus précise de la validité du modèle. Le second hélas n'a pas eu (ou très peu) le bonheur de connaître le firmament des modèles, et est ainsi protégé des assauts : l'évaluation théorique n'a donc pas joué, mais elle peut se déclencher à tout instant. Il est d'ailleurs fréquent qu'elle prenne son temps pour se développer, avec des décalages de plusieurs années, voire de dizaines d'années.

3.5 Preuve immédiate et à long terme

Dans le cadre d'une recherche qualitative, la preuve de la validité des résultats est difficile à fournir de façon immédiate : ce n'est pas le test de validation qui est jugé, mais la fiabilité des modèles tirés de l'observation. Les modèles sociaux demandent de nombreuses confrontations avec des instances très diverses ; les modèles théoriques ne bénéficient que très lentement d'une évaluation et cette dernière est rarement substantielle. Pourtant, après des années, ce qui était apparu peu rigoureux et impressionniste à certains, peut faire la preuve de son caractère construit et scientifique, quand la nouveauté des propositions est assimilée par la communauté. C'est par exemple le cas avec le courant interactionniste, qui de plus est parvenu à s'établir dans la durée grâce à une cumulativité de ses résultats (Schwartz, 1993). Le chercheur isolé n'a pas toujours la chance de s'inscrire dans un courant aussi structuré. À son niveau, la notion de cumulativité est toutefois essentielle. L'évaluation d'une recherche peut être perçue de trois façons : dans l'immédiateté de sa publication, dans le temps plus long de la critique théorique de cette recherche, et en la resituant dans l'ensemble d'une carrière. Ce n'est pas tant la recherche qui est alors évaluée que la réputation du chercheur à travers elle. Si de précédents travaux ont montré avec le temps que ses interprétations étaient fondées, la prédisposition à lui faire confiance sera plus grande dans les recherches suivantes. Et inversement : le chercheur pris une fois en défaut sera ensuite surveillé de plus près.

3.6 La saturation des modèles

La validité des résultats est jugée sur leur présentation publique, par les personnes qui prennent connaissance de la recherche. Avant d'arriver à ce stade, le chercheur a cependant lui-même une première idée sur cette validité : il sait, ou croit savoir, si ce qu'il dit est solide ou fragile. Certes l'impression de solidité peut n'être qu'une illusion, reposant sur une croyance en des thèses non fondées. Mais il existe des instruments pour la tester : le principal est la saturation des modèles. Ces derniers sont dégagés progressivement de l'observation. Au début ils sont très flous et sans cesse remis en cause par de nouvelles observations. Puis ils deviennent plus nets et se stabilisent, les faits confirmant les grandes lignes et précisant des points de détails ; jusqu'au moment où il est possible de considérer qu'il y a saturation : les dernières données recueillies n'apprennent plus rien ou presque. À ce stade le chercheur a déjà éprouvé par lui-même la validité des résultats, grâce à cet instrument interne ; il ne lui reste plus qu'à travailler à l'argumentation et à la présentation publique, à confirmer en recoupant avec d'autres sources.

Il est très rare qu'une recherche débouche sur la mise en évidence d'un seul modèle : elle est plutôt constituée d'un écheveau d'hypothèses, concepts et modèles, situés à des niveaux très divers. La saturation ne peut donc porter sur l'ensemble, et il est même assez fréquent qu'un modèle central ne parvienne pas à être saturé. Ceci ne constitue pas une contre-indication à la publication. Mais le chercheur doit alors trouver la forme adaptée, exposer ses résultats avec prudence, en signalant qu'ils demandent à être confirmés.

3.7 Les instruments complémentaires de validation

L'essentiel de la validité vient de l'intérieur de la recherche et ne peut être bien jugée qu'à long terme. Il y a là un aspect délicat des méthodes qualitatives, notamment dans le cadre des instances officielles d'évaluation : jurys, comités de lecture. L'apprenti-chercheur (comme le chercheur confirmé d'ailleurs) a donc tout intérêt à utiliser autant que possible des instruments complémentaires de validation. En ce qui concerne les modèles sociaux mis en évidence, il serait bien étonnant qu'il ne puisse disposer de statistiques ou d'autres enquêtes sur le même sujet ou un sujet voisin. Il est non seulement important de les confronter avec les résultats de la recherche, mais aussi de le faire avec rigueur. Il est vraisemblable en effet que les conclusions ne soient pas parfaitement identiques. Plutôt que de taire les différences, les analyser permet de préciser et de valider le modèle. Quant à l'objection bien connue : « Il n'existe rien sur mon sujet de recherche », il n'est pas exagéré de dire qu'elle est toujours fausse. Tout sujet a une infinité de liens tranversaux avec d'autres sujets : il suffit de dégager ces liens pour pouvoir utiliser des données disponibles.

Une tentation fréquente est de tenter de produire des statistiques en utilisant le matériau qualitatif, pour donner un vernis de sérieux à la recherche : untel fera un tableau à double entrée ou une typologie détaillée sur la base d'un échantillon de 15 personnes, tel autre établira un pourcentage au centième près. Ces tentatives ne sont pas toujours condamnables : quelques proportions peuvent donner une indication utile. Mais elles doivent rester prudentes et conserver un caractère secondaire. Et en aucun cas elles ne peuvent jouer le rôle de renforcement de la validité des résultats. Les utiliser en ce sens produit généralement l'effet contraire : les mesures construites sur du sable sont facilement critiquées, entraînant dans leur chute des analyses qui auraient parfois mérité un meilleur sort. Les méthodes qualitatives ont pour fonction de comprendre plus que de décrire systématiquement ou de mesurer : il ne faut donc pas chercher à leur faire dire plus qu'elles ne peuvent sur le terrain qui n'est pas le leur. Par contre les résultats doivent être régulièrement croisés et confrontés avec ce qui est obtenu par d'autres méthodes, notamment statistiques. Là où l'entretien compréhensif creuse pour découvrir les processus à l'œuvre, la scène doit être située avec précision, dans un paysage déjà connu grâce à des enquêtes diverses. Ceci porte un nom : le cadrage d'une recherche. Bien cadrée, l'enquête qualitative peut prendre davantage de liberté, et donc être plus inventive.

En ce qui concerne les modèles sociologiques, le croisement est à opérer avec des productions de même niveau, c'est-à-dire des textes théoriques : c'est le jeu classique des références. L'erreur habituelle consiste à accumuler un maximum de références, d'auteurs bien en vue, utilisés comme cautions par le seul fait d'être cités, même si c'est dans le désordre et plus ou moins à propos. L'idéal est au contraire de n'employer que des références adaptées, au moment précis où elles sont utiles dans une démonstration. La référence est un élément de validation, mais elle doit autant que possible être utilisée en même temps comme un instrument faisant progresser l'argumentation : sa fonction de garantie de la validité, moins extérieure et plaquée, n'en sera que plus forte.

Reste un dernier élément de preuve : la présentation des données à partir desquelles ont été élaborées les hypothèses. C'est souvent celui qui est mis en avant, notamment sous la forme de longues citations d'entretiens. Or, comme nous le verrons, ces dernières ont un effet néfaste et affaiblissent la construction de l'objet. La validité d'un modèle tient beaucoup plus à la cohérence des enchaînements, à la justesse d'illustration d'une hypothèse, à la précision d'analyse d'un contexte : à la finesse des articulations entre théorie et observation. Il est toutefois conseillé de fournir autant que possible quelques instruments de contrôle. Il est utile par exemple que les enquêtés puissent être situés à chaque fois qu'ils sont cités, surtout quand les entretiens ont été approfondis, auprès d'un échantillon réduit. Ainsi, dans *La Trame* j'ai réalisé un « index biographique » qui permet de faire une lecture transversale du livre, en suivant l'histoire de chaque personnage. Un tel contrôle transversal est un bon moyen pour éviter la manipulation d'extraits d'entretiens et les commentaires abusifs : gare aux interprétations de la p. 162, peu compatibles avec celles de la p. 27 !

2

COMMENCER LE TRAVAIL : RAPIDITÉ, SOUPLESSE, EMPATHIE

1. ENTRER DANS LE SUJET

1.1 La question de départ

Le travail d'enquête commence par le choix d'un sujet. Tous les sujets sont possibles : n'importe quel aspect de la société, qu'il soit banal, insignifiant, étrange, mystique ou politisé, peut donner lieu à une investigation sociologique : un sujet en apparence mauvais peut déboucher sur une bonne recherche. Mais il est des sujets meilleurs que d'autres : il y a donc tout intérêt à bien réfléchir au thème de départ. Le sujet idéal est clair et motivant : le chercheur sait où il va et il a envie d'y aller, parce qu'il a l'intuition qu'il peut y avoir là matière à découverte. Définir un thème ne suffit pas : très vite il est indispensable de réfléchir aux limites, car le premier danger de la recherche est de partir dans tous les sens, de se perdre dans les sables, et de rendre ainsi impossible toute construction d'objet. Pour combattre ce risque, la définition de limites est un garde-fous élémentaire. L'arme principale est toutefois intérieure : elle est constituée par l'architecture conceptuelle qui est au cœur de l'objet en construction : c'est elle qui tient l'ensemble et évite les dérives et les éclatements. Certains travaux sont plutôt descriptifs : les limites extérieures jouent alors un rôle primordial. D'autres prennent davantage une dimension théorique : c'est le cœur conceptuel qui devient dans ce cas le principe d'unité. Souvent ils sont entre les deux : ce qui oblige le chercheur à faire intervenir les deux principes d'unité et à les combiner entre eux. Ce qui est plus facile à dire qu'à faire. Car l'écheveau conceptuel est en progression continue et il n'a aucun égard pour l'unité du terrain, qu'il brise à chaque avancée. Dans ce processus évolutif de construction de l'objet à partir des faits, le chercheur doit donc sans cesse opérer des choix et sacrifier l'un des deux principes d'unité au nom de l'autre. Le conflit d'influence a un espace privilégié : le plan. Les titres des parties et des paragraphes sont en effet une bonne indication pour savoir lequel des deux principes a battu l'autre et si la victoire a été écrasante. Quand le chercheur ne comprend pas ce mécanisme à deux composantes, écartelé, il a tendance à réagir sur un mode défensif pour masquer l'éclatement. Le résultat est qu'il perd la maîtrise de la construction, et se laisse écraser par le poids du matériau.

La maîtrise de la construction de l'objet est au centre de tout, et cela dès les premiers instants de la recherche. Il ne suffit donc pas de choisir un thème, même s'il est clair et motivant. Très vite il faut lui associer une ou plusieurs hypothèses, une question de départ. C'est à partir d'elle, et non du terrain en lui-même, que le contenu théorique va prendre du volume. Anselm Strauss propose de s'immerger d'abord dans les faits pour mieux la choisir. C'est une démarche possible. Mais elle exige à mon avis une grande expérience ; elle est donc déconseillée aux débutants. Car le terrain est si riche qu'il a vite fait de noyer le chercheur, d'abord émerveillé par tant de richesse, puis incapable de la dominer. Il me paraît donc plus judicieux d'avoir dès le début une idée en tête, qui jouera le rôle de guide évitant de se perdre. Il est même tout à fait possible de partir d'une hypothèse, d'une question, pour définir ultérieurement un sujet et un terrain. Même si la suite peut réserver bien des surprises, une petite avance est ainsi prise au départ dans la compétition continuelle entre le chercheur qui veut dominer le matériau (en construisant une architecture conceptuelle), et le matériau qui dans son processus d'accumulation tend sans cesse à l'engloutir.

Dans *La Trame*, mon idée de départ, la mémoire du corps, est restée la même jusqu'à l'arrivée. Guide solide donc, d'autant plus utile que le terrain au contraire (nous le verrons plus loin) a subi de grandes variations. Dans *Corps,* le terrain, défini de façon plus rigide, n'a pas varié. Par contre l'hypothèse de départ a été totalement infirmée par l'enquête. Avais-je donc choisi une mauvaise hypothèse ? Je ne le pense pas, car une hypothèse même fausse (mieux vaut souvent une hypothèse fausse que pas d'hypothèse du tout) peut être dans certains cas un bon instrument de travail. Ceci mérite d'être détaillé.

Mon idée de départ était la question de la distance au rôle. Quel est le lien entre un rôle, structure sociale, et l'individu qui l'occupe ? Quelle est la nature de la distance et est-elle importante, comment fonctionne-t-elle ? Y a-t-il un individu à l'intérieur des rôles, distinct des rôles ? J'avais lu Erving

Goffman, et constaté combien la question l'avait obsédé, sans qu'il parvienne à des conclusions stables. La question était claire et j'avais envie de savoir : il ne restait plus qu'à trouver un thème et un terrain d'enquête. Il me fallait un rôle de petite taille pour être facilement observable, dans un contexte précis, et en même temps un rôle fragile, contesté, pour voir à l'œuvre la distance au rôle dans toute son amplitude. C'est ainsi que j'ai choisi la pratique des seins nus sur les plages.

Hélas le dépouillement des premiers entretiens fut désastreux pour l'hypothèse. Parallèlement le matériau était très riche sur d'autres points, non prévus au départ, notamment les normes implicites de comportement. J'aurais pu alors abandonner la question de la distance au rôle, sans que les dégâts causés par cet échec soient importants. Mais je n'avais toujours pas de réponse à cette question et j'étais incapable de la chasser de mes pensées : régulièrement, elle me revenait en tête quand je dépouillais le matériau. Une hypothèse qui entre en disgrâce provoque chez le chercheur qui croyait en elle des sentiments désagréables ; il la sent mourir. Il existe toutefois deux sortes de mort pour les hypothèses : l'une définitive, l'autre simple prélude à la réincarnation dans une vie nouvelle. La mienne était de la seconde espèce. Et la passion revint après la tristesse : si le matériau était si pauvre c'était parce qu'il fallait chercher dans la direction opposée : la distance au rôle est introuvable car elle n'existe pas (ou seulement par défaut, quand la prise de rôle est difficile). L'individu constitue son autonomie dans les transitions, en passant d'une prise de rôle à une autre. Mais à l'instant où il occupe un rôle, il cherche à le faire pleinement : plus il y parvient, plus sa liberté s'élargit (alors que la contrainte sociale s'appesantit quand il y a distance). La représentation d'un individu existant à l'intérieur des rôles était impossible à saisir de façon concrète car il fallait la remplacer par son contraire : des rôles non pas à l'extérieur mais à l'intérieur, incorporés par l'individu, concept nouveau en sociologie. Même infirmée, l'hypothèse de départ n'était donc pas un mauvais choix puisque qu'elle déboucha sur la mise en évidence d'un nouveau concept.

1.2 La double fonction des lectures

Il n'est pas de recherche sans lectures. Car aucun sujet n'est radicalement neuf, et aucun chercheur ne peut prétendre pouvoir se passer du capital de savoir accumulé. Deux types de lecture sont nécessaires. Le premier a pour but de dresser l'état du savoir sur la question traitée. Il tend surtout à recueillir des données, à les cumuler et à les croiser, pour mettre au point le cadrage de l'enquête. Son principe est concentrique : ce qui se rapproche le plus du cœur du sujet doit être traité d'une manière intensive ; tout ou presque est à lire. La consultation des banques de données est ici précieuse. Les choix de lecture deviennent au contraire plus libres à mesure que les données s'éloignent du centre. Le principe du second type de lecture est totalement différent : le but est non pas la synthèse du savoir acquis mais la problématisation, le nouveau savoir à construire dans la recherche. Pour avancer en ce sens il faut un instrument essentiel : un groupe d'hypothèses fortes et bien articulées, sans lequel l'objet ne pourra prendre du volume. Les lectures peuvent fournir les hypothèses qui font défaut. Mais si l'on suit le principe concentrique, la récolte sera obligatoirement pauvre et peu innovante, alors que l'on cherche justement du nouveau. À la différence du savoir descriptif, l'objet théorique ne se construit pas par accumulation. Il ne prend forme au contraire que par un effet de décentrement (Gauchet, 1985). C'est très souvent par des lectures apparemment lointaines qu'un tel décentrement peut se déclencher et devenir productif : les idées s'enchaînent les unes aux autres et donnent des pistes de lecture surprenantes, qui ouvrent en retour sur une vision inédite du sujet traité. Le point de départ de la formation d'une hypothèse est très souvent le repérage d'une analogie dans un contexte différent de celui qui est traité (Geertz, 1986). Ce qui explique pourquoi il faille faire preuve de la plus grande audace dans les choix de lectures, pour découvrir des transversalités imprévues. La réflexion ne doit cependant pas en rester au repérage d'analogies. L'analogie en elle-même est improductive, et des rapprochements abusifs peuvent même introduire à des confusions. Par contre le détour par un contexte différent, où l'on voit à l'œuvre un concept à la fois connu et défini d'une autre manière, procure un regard neuf, affûté et enrichi, sur son propre terrain.

1.3 Le temps des lectures

Dans le modèle classique de la construction de l'objet, ou dans celui de la théorie fondée sur les faits, le temps consacré à la lecture est sensiblement identique, mais il ne se situe pas aux mêmes moments de la recherche. Dans le modèle classique, le gros de la lecture est obligatoirement au début, pour élaborer le corpus d'hypothèses qui sera ensuite testé par l'enquête. L'entretien compréhensif à l'inverse ne nécessite qu'un groupe d'hypothèses de départ, la problématisation s'opérant ensuite de façon progressive dans la confrontation avec les faits. Il est donc inutile de prolonger exagérément la phase de lecture initiale. Car le premier contact avec le terrain, dégageant de fortes intuitions (Bertaux, 1988), chamboule immédiatement et profondément les premières idées : la problématisation solide ne commençant vraiment qu'avec l'enquête, ce serait du temps perdu. Un excès de lectures au début peut même dans certains cas devenir néfaste : le chercheur a besoin d'un instrument souple pour faire lever la pâte théorique et non d'une architecture trop lourde, qui écrase les faits au lieu de les faire parler. Il est donc préférable de lire juste ce qu'il faut dans les premières phases, pour avoir une idée des acquis du savoir, cadrer la recherche, et disposer de quelques questions assez travaillées pour bien la lancer. Le dosage est toutefois différent selon les personnes : ceux qui ne se sentent pas suffisamment armés de questions pour affronter le terrain doivent poursuivre leur travail de lecture.

Sitôt le processus de la construction d'objet enclenché, la lecture ne doit pas être oubliée. Un corps-à-corps singulier entre les seules idées du chercheur et les faits qu'il observe ne peut déboucher que sur un résultat pauvre. Or l'analyste, plongé dans l'infinie richesse du concret, a une impression contraire : il peut donc se laisser aller à l'autosuffisance. De la même façon que la « gloutonnerie livresque » (Quivy, Van Campenhoudt, 1988, p. 10) est une erreur au début, l'abstinence est un péché par la suite. Le chercheur doit s'alimenter régulièrement, surtout quand lui viennent des fringales de savoir au vu d'hypothèses nouvelles, excitantes mais mal dégrossies. Et ceci jusqu'à la fin du travail. En particulier dans la phase de pré-rédaction, quand la mise en ordre préparatoire à l'acte final découvre des zones de carence. Mieux que de simplement les combler, des lectures appropriées peuvent alors irriguer les données exposées ailleurs et consolider l'ensemble.

1.4 La compression de la phase exploratoire

Dans le modèle classique, la phase exploratoire est essentielle, car c'est elle qui permet de définir le corpus théorique. Il arrive souvent que le choix de ce modèle ne soit pas totalement assumé, la contrainte méthodologique poussant le chercheur à standardiser les instruments malgré lui. Il éprouve alors un plaisir redoublé dans la phase exploratoire, et une frustration quand il doit en sortir. « L'entretien exploratoire est une technique étonnement précieuse », elle constitue « une des phases les plus agréables d'une recherche : celle de la découverte, des idées qui jaillissent » (Quivy, Van Campenhoudt, 1988, p. 61). Raymond Quivy et Luc Van Campenhoudt, auteurs d'un manuel conforme au modèle classique, ressentent tout ce qui est perdu dans la standardisation de l'entretien, que par ailleurs ils conseillent. Leur conclusion est pleine de bon sens, de leur point de vue : allongez la phase exploratoire.

Le même bon sens conduit à donner l'avis opposé pour l'entretien compréhensif : diminuez la phase exploratoire. Car le bonheur de la découverte et des idées qui jaillissent dans la confrontation avec le terrain, le chercheur doit normalement pouvoir le connaître de la même manière dans la plupart des autres périodes de la recherche : la phase exploratoire n'est pas fondamentalement différente de ce qui va suivre. Et la faire durer trop longtemps pourrait avoir pour effet de retarder la mise en place plus structurée de l'enquête. Dans le cadre de l'entretien compréhensif, cette phase est uniquement justifiée par quelques aspects techniques, la mise au point d'instruments, principalement de la grille de questions, qui a besoin d'être expérimentée une ou deux fois, puis critiquée, avant d'être vraiment rédigée. Il y a tout intérêt à ce que ces préambules soient les plus brefs.

Une des erreurs les plus fréquentes dans les premières recherches est de mal gérer leur déroulement, en commençant toujours trop tard chaque étape. Le temps perdu au début est le plus pénalisant, car il se répercute en chaîne et produit ce résultat inéluctable : les phases les plus cruciales sont bâclées à la hâte (souvent un important matériau accumulé n'est exploité que très partiellement pour cette raison). L'idée d'une véritable phase exploratoire est donc dangereuse dans le cadre de l'entretien compréhensif. Elle devrait se résumer à quelques tâches : les lectures préalables, une ébauche d'échantillonnage, une première rédaction de la grille, puis son essai auprès d'une ou deux personnes. Au contraire il faut entrer dans le vif du sujet le plus vite possible et combattre les temps morts et les longueurs des débuts. La lenteur viendra par la suite : pour le moment le rythme idéal est soutenu, l'objectif étant d'attaquer le travail de terrain le plus vite possible.

1.5 Le regard sur soi

La particularité de l'entretien compréhensif est d'utiliser les techniques d'enquête comme des instruments souples et évolutifs : la boîte à outils est toujours ouverte et l'invention méthodologique est de rigueur. La construction de l'objet aussi est en évolution permanente, avec des ralentissements, des impasses, des accélérations ; la gestion des phases et des rythmes dépend de ces soubresauts. En même temps qu'il conduit les investigations et qu'il réfléchit aux hypothèses, le chercheur doit donc continuellement avoir un regard porté sur l'économie générale de l'avancée des travaux. Régulièrement il dresse un bilan et se pose les mêmes questions : où en suis-je ? faut-il que j'accélère ou que je ralentisse, que je change d'outils ou de direction de recherche ? S'il ne le fait pas, il perd la maîtrise des événements. L'entretien compréhensif requiert au contraire un autocontrôle permanent, une gestion du déroulement des opérations, des décisions continuelles. La réussite de l'ensemble tient beaucoup à la qualité de ces dernières ; le travail du chercheur emprunte parfois à l'art du stratège.

2. Des instruments évolutifs

2.1 Le plan

Outre le retard aux différentes phases, le risque le plus grand est l'éparpillement, le matériau qui fuit entre les doigts, interdisant de pouvoir construire l'objet théorique. Les contraintes extérieures, qui poussent à la délimitation du terrain et au regard sur soi, sont des aides utiles ; l'essentiel est toutefois à l'intérieur : le groupe d'idées autour duquel tout va prendre forme. Il faut un fil pour enfiler les perles.

J'utilise personnellement une technique inhabituelle pour vérifier l'existence de ce fil et améliorer sa qualité : je dresse un plan de rédaction dès la phase exploratoire. Un vrai plan, avec parties et sous-parties, articulé, travaillé comme s'il devait être présenté à un jury, comme s'il devait ne plus changer. En vérité il change ; il ne cesse même de changer jour après jour. Parfois sur des détails, des ajouts, des précisions. Parfois par de véritables révolutions quand une hypothèse centrale est remise en cause. Ce plan évolutif que j'ai toujours sous la main est mon guide, le support papier des progrès du groupe d'hypothèses. Sa présence rapprochée me rappelle également à l'obligation d'autocontrôle et de maîtrise des événements.

Le premier plan n'est pas facile à rédiger. Il implique une entrée rapide dans le vif du sujet (mais c'est justement cela qui est recherché). Il comporte également un risque pour qui n'aurait pas compris le principe de l'utilisation souple des instruments : qu'il soit considéré comme un plan définitif, qu'il rigidifie les développements futurs, et empêche les découvertes. Pour donner une idée, il n'est guère plus de 10 ou 20 % de mon plan initial qui se retrouve à l'arrivée.

De même que la rédaction d'un plan, la définition d'un titre dès le début joue à la fois le rôle de guide et de vérification de la cohérence de l'objet. Si le titre est impossible à trouver, complexe, à tiroirs, c'est la preuve qu'il reste du travail de mise au point. Bien entendu par la suite, le titre aussi évolue, en parallèle à l'évolution de la recherche.

2.2 L'échantillon

La constitution de l'échantillon est à juste titre une des pièces maîtresses de l'entretien standardisé : il doit être soit représentatif ou s'approchant de la représentativité, soit défini autour de catégories précises. L'analyse de contenu ayant lieu en surface, la validité des résultats dépend en effet pour beaucoup de la qualité de l'échantillonnage. Il n'est pas rare d'ailleurs que les catégories de classement des opinions donnent lieu à des corrélations, comme dans les méthodes quantitatives. Dans l'entretien compréhensif, ces corrélations sont rarement utilisées et font seulement fonction d'indices, le matériau étant le point de départ d'une nouvelle enquête, d'une investigation en profondeur révélant la complexité des architectures conceptuelles singulières. Face à une telle complexité et une telle richesse, le caractère significatif des critères classiques (âge, profession, situation familiale, résidence) devient moins opérant : ils fixent le cadre mais n'expliquent pas, alors que l'histoire de l'individu explique. La constitution de l'échantillon devient alors un élément technique moins important. Ce qui ne signifie pas qu'il puisse être formé n'importe comment. L'erreur à éviter est la généralisation à partir d'un échantillon mal diversifié : par exemple parler du comportement des Français alors que l'on n'a interrogé que des jeunes, voire uniquement des étudiants. L'idéal (quand ce n'est pas une catégorie précise qui est visée) est donc de pondérer les critères habituels (âge, profession, etc.) comme pour un échantillon représentatif, tout en sachant qu'en aucun cas un échantillon ne peut être considéré comme représentatif dans une démarche qualitative (Michelat, 1975). Il n'est d'ailleurs pas justifié de pousser cette pondération à l'extrême, surtout pour les petits échantillons. Rien n'assure que le seul agriculteur sélectionné parlera comme les agriculteurs qu'il est censé représenter : exiger de plus qu'il soit célibataire, qu'il ait entre 30 et 40 ans et qu'il habite en Bourgogne, rend encore plus improbable le caractère représentatif de son propos. L'important est simplement d'éviter un déséquilibre manifeste de l'échantillon et des oublis de grandes catégories.

La démarche qualitative allant bien au-delà du recueil d'opinion, les individus et les groupes qui constituent l'échantillon ne sont pas uniquement sélectionnés par rapport aux caractéristiques supposées de leurs propos : ils peuvent aussi jouer un rôle plus dynamique dans l'enquête. Dans *Corps,* l'essentiel de l'échantillon est constitué de personnes trouvées et interrogées sur la plage (une évaluation très approximative des grandes catégories ayant été effectuée sur la base d'une observation préalable). Il y a pourtant une disproportion nette, et qui a été voulue : deux cents femmes pour une centaine d'hommes. La compréhension des perceptions féminines était en effet au cœur de l'enquête : il est tout à fait possible de produire des effets de loupe à partir du moment où les opinions ne sont pas traitées à plat. Par ailleurs, ces entretiens en situation ont été complétés par des entretiens de professionnels de la plage (plagistes, CRS, commerçants), et des entretiens réalisés au domicile de personnes ne fréquentant pas ce type de lieu. L'importance numérique de ces deux groupes aurait pu être très différente, sans que les résultats soient changés. À une condition : que celui qui parle soit toujours situé lors de l'analyse du matériau. Plus ce principe est respecté, plus la constitution de l'échantillon peut être effectuée avec souplesse. Le travail s'effectue à plusieurs niveaux de réflexion parallèles. Toute investigation du matériau doit se doubler en permanence d'une analyse des conditions de production du discours : qui est celui qui prononce ces phrases et pourquoi les prononce-t-il ainsi ? C'est d'ailleurs pourquoi les critères classiques utilisés pour constituer un échantillon représentatif sont vite dépassés : chaque instant de dépouillement du matériau apporte de nouveaux éléments de cadrage, infiniment plus nombreux, plus précis et plus riches.

Cette attitude réflexive, le croisement permanent entre travail sur le fond, regard sur les conditions de production du discours, et regard sur l'économie générale de la construction de l'objet, prend toute sa dimension dans une perspective évolutive ; plus le chercheur avance, plus les éléments de cadrage s'affinent. Le mouvement donne l'apparence d'être cumulatif pour les détails, mais il est plein de surprises pour les hypothèses centrales : les rebondissements et retournements ne sont pas rares. Au niveau des histoires de vie, les détails accumulés peuvent ainsi prendre brusquement un sens nouveau (notamment quand une logique identitaire qui avait été mise en évidence se révèle être secondaire). Au niveau de la progression de l'objet, des changements importants peuvent nécessiter une reformulation de l'échantillon en cours d'enquête : il faut en effet toujours essayer de trouver les personnes susceptibles d'apporter le plus par rapport aux questions posées (Rabinow, 1988).

Dans *La Trame*, le schéma initial de l'échantillon avait été constitué de façon très simple : vingt ménages diversifiés selon l'âge et la catégorie sociale. La question de départ était précise et de niveau théorique : la mémoire du corps. Le choix d'étudier des couples était en fait un élément de méthode : pour comprendre comment des significations s'inscrivent dans des gestes, il semblait intéressant de prendre des petites unités intimes où se confrontent quotidiennement des manières de faire différentes. Le protocole d'enquête jouait cette carte au maximum : entretiens séparés de l'homme et de la femme, puis relevé de toutes les ambiguïtés et zones d'ombre, rédaction d'une grille personnalisée autour des contradictions conjugales, enfin entretiens avec les deux conjoints réunis pour s'expliquer sur ces contradictions. Hélas la première vague d'interviews (six ménages) produisit beaucoup de déception : les couples se livraient très peu, par phrases brèves et banales. Je décidai alors un changement de tactique, en utilisant l'échantillon. Les six couples interrogés étaient des ménages installés, ayant déjà pris leurs habitudes : j'émis l'idée que des couples en cours de formation, vivant plus directement les différences des manières dans la mise en place de leur organisation, auraient davantage à dire. Le principe de l'échantillon fut donc changé, et huit jeunes couples furent interrogés. La tactique échoua : les jeunes ne disaient guère plus (parce qu'il est très difficile d'exprimer ce qui est profondément inscrit dans le corps). La solution n'était pas dans la phase d'enquête, mais dans l'analyse du matériau, ce que j'allais comprendre plus tard : les phrases banales peuvent dire beaucoup quand on parvient à les faire parler. L'échec n'était toutefois pas total : le détour par les jeunes couples m'avait fait découvrir un processus social passionnant et d'actualité, le nouveau mode d'entrée en couple. Une pause s'imposait dans la recherche, et s'ouvrait une période de bilan et de doute. À cet instant, tout était devenu incertain, l'objet comme le protocole d'enquête. L'issue fut trouvée dans un compromis entre niveau social et niveau sociologique : l'objet fut recomposé autour de deux éléments de niveau différent, le couple et la mémoire du corps, avec le couple comme dominante ; le style de rédaction fut défini à un niveau moins théorique. La grille de questions fut revue, enrichie sur l'aspect conjugal ; l'échantillon ayant été déséquilibré, les six derniers entretiens furent effectués auprès de ménages plus anciens pour corriger ce déséquilibre.

Cette histoire d'un échantillon ne constitue pas bien évidemment un modèle à suivre ; son caractère mouvementé est dû à une suite de difficultés et d'échecs qu'il est préférable d'éviter quand c'est possible. Mais tout dépend de ce que l'on trouve ou ne trouve pas, de l'avancée de l'enquête, de la construction de l'objet ; l'échantillon n'est qu'un instrument.

Un dernier mot sur l'échantillon : j'emploie ce terme parce qu'il est largement employé. Il est cependant mal adapté dans une optique qualitative, car il porte en lui-même l'idée de la représentativité et de la stabilité. Dans l'entretien compréhensif, plus que de constituer un échantillon, il s'agit plutôt de bien choisir ses informateurs.

2.3 La grille

La grille de questions est un guide très souple dans le cadre de l'entretien compréhensif : une fois rédigées, il est très rare que l'enquêteur ait à les lire et à les poser les unes après les autres. C'est un simple guide, pour faire parler les informateurs autour du sujet, l'idéal étant de déclencher une dynamique de conversation plus riche que la simple réponse aux questions, tout en restant dans le thème. En d'autres termes : d'oublier la grille. Mais pour y parvenir, il faut qu'elle ait été au préalable totalement assimilée, rédigée avec attention, apprise par cœur ou presque.

Certains chercheurs élaborent leur grille de façon très générale, voire sous forme de thèmes. Je préfère une suite de vraies questions, précises, concrètes. Car elles fournissent des outils plus affûtés. Je les rédige en direction d'un informateur fictif, en tentant de m'imaginer ses réactions et ses réponses, ce qui permet d'augmenter la précision. Les réactions et les réponses de l'informateur réel seront bien entendu différentes, mais il suffira d'adapter dans le cadre de l'entretien.

La suite des questions doit être logique (il est utile de les ranger par thèmes) et l'ensemble cohérent : le coq-à-l'âne et le pot-pourri doivent être systématiquement combattus. Pour une raison qui est rarement prise en compte : l'informateur gère son degré d'implication dans l'entretien, et celui-ci dépend en grande partie de la confiance qu'il fait à l'enquêteur. Des questions sans suite, ou des questions surprenantes non justifiées, lui donnent immédiatement une indication négative (de Singly, 1992). Ce qui l'incite d'autant plus à ne pas trop s'engager que les changements de thèmes ne lui en laissent pas le temps.

Les premières questions ont une importance particulière, car elles donnent le ton (ce n'est qu'ensuite que la dynamique de conversation s'envole et peut faire oublier le reste de la grille) : elles seront donc presque toujours posées.

Des tactiques diverses sont possibles. On peut commencer par quelques questions simples et faciles, juste pour rompre la glace. Mais elles ne doivent pas être trop nombreuses, car l'informateur s'installerait dans un style de réponses de surface. Une tactique inverse peut être choisie. Dans la suite de l'entretien, l'informateur dispose de repères fournis par ses premières réponses, qui fixent très vite un cadre et diminuent l'incertitude. Au contraire au début tout reste ouvert, et il est possible d'en profiter pour poser d'emblée une question centrale, tester ce qui est dans les têtes avant que des guides de réponses soient fournis. Dans *Corps*, le choix fut intermédiaire. Les deux premières questions étaient simples, descriptives, et le ton incitait à une réponse rapide : « Vous venez souvent sur cette plage ? Il y a beaucoup de femmes qui se mettent seins nus ici ? » Puis changement de style de l'enquêteur, élocution lente et appuyée, pour bien signifier l'importance et la difficulté de la question suivante : « À votre avis, pourquoi cette mode s'est-elle développée ? » Enfin refus de se satisfaire des premières tentatives de réponses, relance répétée, pour tenter d'atteindre les causes les plus profondes, et précipiter les informateurs au cœur de l'enquête.

Comment rédiger les questions ? En les écrivant le unes après les autres à mesure qu'elles viennent à l'esprit, et en les rangeant par thèmes ! Il n'est pas d'autres manières de procéder, mais le rappel de cette banalité est utile car il permet de comprendre une dérive fréquente, consistant à aligner un maximum de questions, sans trop réfléchir à leur statut. En fait chaque question est particulière : il y en a des bonnes, des moins bonnes et des mauvaises, des centrales et des périphériques. Or il faut construire une grille un peu comme on construit un objet scientifique : en travaillant à la cohérence, en renforçant ce qui est central, en contrôlant ce qui est périphérique, en éliminant sans faiblesse ce qui est superflu. Beaucoup d'apprentis-chercheurs ont une fausse idée de l'avancée de leur travail : ils pensent qu'en accumulant beaucoup de matériau ils ont fait l'essentiel du travail, et que plus ils en accumulent, plus ils sont avancés. Cette vision est doublement fausse : *primo* l'essentiel reste à faire après la phase d'accumulation, *secundo* la quantité accumulée ne se juge pas en elle-même mais à l'aune de sa qualité. Non seulement un matériau annexe, plus ou moins hors-sujet, est généralement inutile, mais il peut très vite devenir négatif, en noyant le chercheur et en l'empêchant de construire l'objet. Il est donc vivement conseillé de ne pas rallonger une grille simplement pour faire long, avec n'importe quelles questions vaguement apparentées ; il est préférable de hiérarchiser et de chercher à formuler de manière légèrement décalée les questions centrales. Quelques questions périphériques peuvent apporter des éléments intéressants, qui n'étaient pas prévus au départ (dans *La Trame* il y avait une seule question sur l'enfance, qui s'est révélée essentielle), mais elles doivent être bien choisies et limitées.

La grille a une histoire de vie, toujours la même. Le chercheur pénètre comme un étranger dans ce monde de questions encore abstraites qui s'inscrivent sous ses doigts. Puis, dès qu'il les met au propre, il commence très rapidement à s'y habituer. Si vite et si fort qu'après l'avoir expérimentée dans des entretiens exploratoires, il ne peut se résoudre à la modifier, excepté deux ou trois détails, manifestement inadaptés. Mais toutes les questions qui sont simplement mal construites, trop plates, trop pompeuses, trop alambiquées, produisant un peu d'indifférence, de silence, de malaise, il n'a plus le courage d'y toucher, et cette tendance se renforce à mesure que l'enquête avance : la grille devient intouchable. C'est une erreur ; la soumettre régulièrement à la critique pourrait avoir des effets très bénéfiques. La force de la routinisation est cependant telle (parce qu'elle est nécessaire à la construction d'un instrument efficace) qu'il semble impossible de poser cette critique permanente comme un principe nécessaire. Il est donc essentiel d'élargir la faille qui s'ouvre à l'issue des entretiens exploratoires, ne pas hésiter à se faire violence, soumettre chaque question à la question. Et plus tard, quand un doute apparaît à propos de tel ou tel aspect de la grille, savoir saisir l'occasion.

Dans certains cas, il est toutefois possible d'imaginer davantage. Par exemple une grille totalement refondue pour une seconde campagne d'entretiens. Ou un travail permanent d'analyse de chaque question. Chacune est en effet particulière, avec ses point forts et ses points faibles, produisant des types de sincérité et des tentatives de dissimulation spécifiques, des réponses à des niveaux de profondeur qu'il est possible de situer, même des tonalités régulières, des expressions fétiches qui reviennent. Dans une recherche en cours, pour mieux diriger un groupe d'enquêteurs, j'ai procédé à cette analyse de chaque question, de ses pièges et de ses richesses. C'est un travail lourd, qui ne peut donc être présenté comme un modèle, alors que la grille est au contraire utilisée comme un instrument léger. Mais à petites doses, au moins pendant la phase exploratoire, il se révèle d'une grande efficacité.

3. La conduite d'entretiens

3.1 Rompre la hiérarchie

L'échantillon constitué, la grille élaborée et testée, il ne reste plus qu'à rencontrer les informateurs et conduire les entretiens. C'est un moment difficile pour certains : les portes qui se referment ou les crispations des débuts d'entretien ne sont pas toujours faciles à vivre. Que ceux qui ont des difficultés dans cette phase se rassurent en se disant qu'elle est brève : dès que l'entretien gagne en profondeur, tout devient plus facile. C'est justement l'objectif : que l'échange entre enquêteur et enquêté s'approfondisse le plus possible, jusqu'à atteindre des informations essentielles.

Pour cela, un premier élément décisif est le style oral. Si l'enquêteur énumère une liste de questions sur un ton morne, ou pire encore, les lit comme s'il s'agissait d'un questionnaire, la personne va aussitôt adopter le même style pour répondre, se limitant à des phrases brèves, correspondant aux pensées de surface qu'elle a de plus immédiatement disponibles, sans s'engager personnellement. Il faut se démarquer radicalement de ce style, qui produit un matériau inadapté à la méthode compréhensive. Dans le questionnaire, le ton et la formulation des questions invitent logiquement à des réponses brèves et claires : oui ou non, choix multiples, phrase « ouverte » mais succincte. Ce type de questionnement instaure une hiérarchie dans l'interaction : l'enquêté se soumet à l'enquêteur, acceptant ses catégories, et attend sagement la question suivante. Le but de l'entretien compréhensif est de briser cette hiérarchie : le ton à trouver est beaucoup plus proche de celui de la conversation entre deux individus égaux que du questionnement administré de haut. Parfois ce style conversationnel prend réellement corps, le cadre de l'entretien est comme oublié : on bavarde autour du sujet. De tels moments indiquent que l'on a atteint un bon niveau de profondeur et jouent un rôle positif de respiration, pour l'enquêteur comme pour l'enquêté. Ils ne doivent toutefois pas durer trop longtemps, au risque de déstructurer l'entretien, qui dérive vers un échange mou. Pour atteindre les informations essentielles, l'enquêteur doit en effet s'approcher du style de la conversation sans se laisser aller à une vraie conversation : l'entretien est un travail, réclamant un effort de tous les instants. L'idéal est de rompre la hiérarchie sans tomber dans une équivalence des positions : chacun des deux partenaires garde un rôle différent. L'enquêteur est maître du jeu, il définit les règles et pose les questions ; l'informateur au début se contente de répondre. C'est ensuite que tout se joue : il doit sentir que ce qu'il dit est parole en or pour l'enquêteur, que ce dernier le suit avec sincérité, n'hésitant pas à abandonner sa grille pour lui faire commenter l'information majeure qu'il vient de livrer trop brièvement. L'informateur est surpris de se sentir écouté en profondeur et il se sent glisser, non sans plaisir, vers un rôle central : il n'est pas interrogé sur son opinion, mais parce qu'il possède un savoir, précieux, que l'enquêteur n'a pas, tout maître du jeu qu'il soit. Ainsi l'échange parvient à trouver son équilibre, entre deux rôles forts et contrastés. Et l'informateur comprend que s'il plonge plus profondément en lui-même, parvenant à exprimer davantage de savoir, il renforce encore son pouvoir dans l'interaction.

3.2 L'enquête dans l'enquête

Bien conduire un entretien compréhensif est un exercice passionnant, riche d'informations, d'humanité, et d'émotions, mais qui peut laisser l'enquêteur épuisé. Celui-ci en effet, loin de se contenter de recueillir des données, doit se sentir mobilisé, pour essayer d'aller toujours plus en profondeur. Pour cela, l'élément clé est la formulation des questions : il doit trouver la bonne question. Non pas poser une question pour poser une question, mais trouver la meilleure, à chaque instant du déroulement de l'entretien. La meilleure question n'est pas donnée par la grille : elle est à trouver à partir de ce qui vient d'être dit par l'informateur. Dans ses dernières réponses, il a émis des avis, des analyses, des sentiments, dont l'analyse de contenu montrera quelques mois plus tard qu'ils sont contradictoires entre eux, ou qu'ils révèlent des processus sociaux, ou qu'ils ont commencé à livrer des bribes d'informations sur un aspect essentiel sans aller plus loin, etc. Bref : qu'ils représentaient une mine d'une richesse extraordinaire que l'enquêteur n'a pas su exploiter. L'enquêteur, le pauvre, a d'autres soucis : il n'a que quelques secondes pour imaginer une question, il pense à mille choses en même temps (les hypothèses, la grille, ce qui vient d'être dit, le style de l'entretien, la fatigue de l'informateur, etc.), ses idées s'embrouillent, et il pose souvent sa question au petit bonheur, pour assurer avant tout le maintien du fil de la conversation. Il ne faut donc pas lui demander plus qu'il ne peut faire. Mais en même temps il doit se convaincre lui-même qu'il peut à chaque instant faire mieux, en approfondissant son enquête à l'intérieur de l'enquête, dans la situation exceptionnelle de prise directe où il se trouve. Après il sera trop tard, et l'analyste (qui n'est généralement personne d'autre que l'enquêteur lui-même), devra travailler dur pour combler les vides et fabriquer de la richesse conceptuelle avec du matériau pauvre.

Pour trouver la bonne question, il n'est d'autre solution que de se mettre intensément à l'écoute de ce qui est dit et d'y réfléchir pendant que l'informateur parle. Il a lancé une idée intéressante sans la développer ? Tout en évitant de l'interrompre de suite, il faut le réinterroger sur cette idée. Il a émis un avis qui ne semble pas cohérent avec ce qu'il avait dit avant ? La contradiction mérite d'être éclaircie. Il a raconté une anecdote significative pour le sujet traité ? Si elle est intéressante, il est possible de suivre longtemps la piste de cette anecdote, de multiplier les questions sous tous les angles. Parfois la dynamique de révélations est si riche que l'informateur entraîne l'enquêteur bien loin de sa grille : s'il juge qu'il reste dans le sujet, il a tout intérêt à se laisser entraîner dans ce parcours imprévu. Parfois au contraire l'itinéraire est sans surprise et les révélations médiocres : l'informateur ne s'engage pas vraiment. Il ne faut pas désespérer : le processus peut s'enclencher brusquement à l'occasion d'une bonne question, d'une attitude de l'enquêteur.

Ce dernier n'a toutefois pas toujours dans son sac une question originale et précise tirée de ce qui vient d'être dit. Il peut alors avoir recours à la technique classique de la relance (Blanchet, Gotman, 1992), tactique simple mais efficace pour approfondir une question, ou au moins pour tourner autour, le temps de repérer des indices permettant d'être plus incisif. Il est également possible de faire des pauses dans la logique de conversation, de lire son papier, et de poser une question de la grille. Ce moment de respiration, s'il n'est pas trop fréquent, est même vécu positivement par les informateurs, car il rappelle le cadre structuré et légitime de l'entretien, que l'allure conversationnelle avait pu faire un peu oublier. Sans forcément poser de question, il est d'ailleurs conseillé de s'arrêter en cours d'entretien, pour survoler sa grille, et vérifier que l'on n'a rien oublié d'important : l'informateur observe calmement et attend que le processus de « confession » se déclenche à nouveau. L'entretien a un rythme, qu'il est utile de sentir et de contrôler : de même que les réponses passent de la surface aux profondeurs, de la légèreté à l'effort pour exprimer des savoirs enfouis, le tempo varie, de l'échange rapide aux phrases lentes entrecoupées de silences. L'enquêteur débutant ne doit pas avoir peur des silences : s'il les comble trop vite, il n'a guère le temps de trouver la bonne question, et il ne permet pas à son interlocuteur de se laisser aller au gré de sa pensée et de la développer. Les blancs ne doivent être remplis que lorsqu'il devient évident qu'ils provoquent du malaise.

Dans les variations de rythme et de contenu, il existe un groupe de questions particulières, pour décrire les caractéristiques (âge, profession, etc.) de l'informateur. Il est déconseillé de les enregistrer sur la bande, ce qui alourdit le matériau par la suite, et donne un style « questionnaire » à l'entretien. Il est préférable de les rédiger sur une fiche séparée, hors magnéto.

Quand l'enquêteur appuie sur le bouton pour arrêter l'enregistrement, il n'est pas rare que ce geste déclenche une nouvelle envie de parler chez l'informateur. Parce qu'il se sent plus libre, et parce qu'il regrette de ne pas être parvenu à exprimer tout ce qu'il aurait encore pu dire. Ces deux raisons produisent deux types de matériaux différents : des informations nouvelles dans le premier cas, une répétition (moins structurée) de ce qui vient d'être dit dans le second. C'est à l'enquêteur de juger s'il y a du nouveau. Quand c'est le cas, il n'y a généralement aucune difficulté à remettre l'appareil en marche. L'informateur avait ouvert un registre de confession inédit parce qu'il avait été libéré par la fin de l'enregistrement, mais le redémarrage de ce dernier ne l'empêche pas de poursuivre : le geste a simplement eu pour effet de vaincre un blocage.

3.3 L'empathie

Tout en étant très actif et en menant le jeu, l'enquêteur doit savoir rester modeste et discret : c'est l'informateur qui est en vedette, et il doit le comprendre à l'attitude de celui qui est en face de lui, faite d'écoute attentive, de concentration montrant l'importance accordée à l'entretien, d'extrême intérêt pour les opinions exprimées, y compris les plus anodines ou étranges, de sympathie manifeste pour la personne interrogée. Au début, c'est un rôle de composition : l'enquêteur fait semblant, même s'il a du mal a trouver ce qu'il entend vraiment intéressant. Mais qu'il ne s'y trompe pas : s'il a du mal ce n'est dû qu'en partie à l'informateur, la raison principale est dans sa propre incapacité à avoir su entendre ce qui était intéressant ; il doit donc approfondir encore son écoute attentive. C'est ainsi que peu à peu il découvre un nouveau monde, celui de la personne interrogée, avec son système de valeurs, ses catégories opératoires, ses particularités étonnantes, ses grandeurs et ses faiblesses. Qu'il le découvre et qu'il le comprend, dans le double sens wébérien : qu'il entre en sympathie avec lui tout en saisissant ses structures intellectuelles.

L'attitude de sympathie envers la personne, et la tentative de découverte des catégories qui sont au centre de son système de pensée et d'action, ne constituent pas deux éléments séparés. L'enquêteur commence par un rôle de composition : il est gentil, réceptif, et accueille très positivement tout ce qui est dit. C'est un instrument, qui l'aide à faire parler, pour entrer dans le monde de l'informateur. Quand les catégories les plus opératoires, les clés d'une existence, sont isolées, tout commence alors à s'enchaîner. L'informateur comprend en effet que l'attitude de l'enquêteur n'était pas du bluff, un simple masque de politesse, mais qu'il s'intéresse vraiment à lui en tant que personne, qu'il s'y intéresse tellement qu'il a su pénétrer au cœur de son monde, qu'il comprend son système de pensée et manie ses propres catégories comme lui même le ferait. Il entre alors en confiance et a envie de poursuivre ce chemin à deux en lui-même.

Pour parvenir à s'introduire ainsi dans l'intimité affective et conceptuelle de son interlocuteur, l'enquêteur doit totalement oublier ses propres opinions et catégories de pensée. Ne penser qu'à une chose : il a un monde à découvrir, plein de richesses inconnues. Chaque univers personnel a ses richesses, qui ont immensément à nous apprendre. Mais pour cela toute attitude de refus ou d'hostilité doit être évitée, quels que soient les idées et comportements de celui qui parle : il faut simplement chercher à comprendre, avec amour et considération, avec aussi une intense soif de savoir. Prenons le cas d'une enquête sur le racisme. Si les questions restent en surface et l'enquêteur impénétrable, les aveux resteront modérés et peu informatifs. Si l'enquêteur au contraire entre dans le monde de la personne interrogée, ce qui veut dire essaie de comprendre son racisme (non pas avec pitié, comprendre comme on pardonne, mais réellement, avec intérêt, attention et sympathie), les conclusions de l'enquête risquent d'être très différentes, révéler un racisme plus important et permettre de remonter aux sources de la production de ce sentiment. S'il veut vraiment comprendre, l'enquêteur doit parvenir à se dépouiller de toute morale ; il reprendra ses idées une fois l'entretien terminé.

3.4 L'engagement

L'enseignement classique de la méthodologie de l'entretien préconise la neutralité de l'interviewer, qui « ne doit manifester ni approbation ni réprobation ni surprise », ce qui implique de « garder une certaine distance » et de ne pas « s'engager personnellement » (Loubet Del Bayle, 1989, p. 43). Désengagement et déshumanisation de la relation contre lequel s'insurge Anne Gotman : « Rien ne sert de s'effacer, de regarder de biais, de baisser les yeux, de prendre un air modeste, de se faire tout petit et oublier, nul ne croira que vous n'avez pas d'opinion sur le sujet qui vous occupe, ni préférence aucune » (1985, p. 163). Au contraire l'informateur a besoin de repères pour développer son propos. C'est d'ailleurs une loi bien connue de l'interaction : à défaut de pouvoir typifier son interlocuteur, l'échange ne peut se structurer (Berger, Luckmann, 1986). L'enquêteur qui reste sur sa réserve empêche donc l'informateur de se livrer : ce n'est que dans le mesure où lui-même s'engagera que l'autre à son tour pourra s'engager et exprimer son savoir le plus profond. Pour cela, c'est l'exact opposé de la neutralité et de la distance qui convient : la présence, forte bien que discrète, personnalisée. L'enquêteur entre dans le monde de l'informateur sans devenir un double de ce dernier.

Bien que transformé par les catégories de l'informateur, il doit savoir rester lui-même. Pour reprendre l'exemple : un peu raciste tout en refusant les excès, l'intolérance violente, s'il est ordinairement anti-raciste. En conservant ses manières habituelles, ses tics de langage, ses émotions favorites, accommodées provisoirement au racisme tempéré. Car pour s'engager il doit lui-même exprimer idées et émotions (sans trop développer bien sûr, ce n'est pas lui la vedette) ; s'il ne dit rien, l'autre n'aura pas de repères et ne pourra avancer. Il est donc possible et même conseillé de ne pas se limiter à poser des questions : de rire, de s'esclaffer, de complimenter, de livrer brièvement sa propre opinion, d'expliquer un aspect des hypothèses, d'analyser en direct ce que vient de dire l'informateur, voire de le critiquer et de manifester son désaccord. Empathie rime avec sympathie, et l'enquêteur doit avant tout être aimable, positif, ouvert à tout ce que dit son vis-à-vis. Toutefois, ce comportement de base une fois posé, il devient possible et intéressant d'avancer des points limités de désaccord, qui permettent à l'enquêteur d'être plus authentique et qui souvent dynamisent le débat.

Pour l'informateur, l'enquêteur idéal est un personnage étonnant. Il doit être un étranger, un anonyme, à qui on peut tout dire puisqu'on ne le reverra plus, qu'il n'existe pas en tant que personne jouant un rôle dans son réseau de relations. Parallèlement, le temps de l'entretien, il doit devenir aussi proche qu'un familier, quelqu'un que l'on connaît ou croit connaître intimement, à qui on peut tout dire puisqu'il est devenu un intime. Les confessions les plus intenses viennent de la combinaison réussie de ces deux attentes opposées. La base est l'anonymat, qui doit absolument être garanti à la personne, comme le médecin garantit le secret médical. C'est pourquoi par exemple je me refuse à retourner voir des informateurs après l'enquête, à discuter avec eux des résultats, etc., bien que cela serait sans doute passionnant : l'entretien terminé l'informateur doit se sentir totalement libre. Mais pendant l'entretien il attend au contraire que l'enquêteur sorte de sa tour d'ivoire, qu'il quitte sont rôle froid de strict poseur de questions, qu'il se manifeste en tant que personne humaine ayant des avis et des sentiments. Timidement, mais régulièrement, les personnes interrogées font des tentatives en ce sens. Après avoir exprimé un avis, elles demandent par exemple : « Vous ne croyez pas ? » Souvent l'enquêteur, gêné par cette apostrophe, marmonne si faiblement et indistinctement son approbation que l'autre comprend aussitôt le message : celui qui l'interroge soit n'est pas d'accord, soit refuse de dire ce qu'il pense. Après plusieurs tentatives, si elles restent infructueuses, l'informateur se réfugie dans des réponses de surface.

3.5 Un jeu à trois pôles

L'empathie est un instrument pour entrer dans le monde de l'informateur. Cette entrée n'est toutefois pas le but ultime : elle est à son tour un instrument pour atteindre des mécanismes sociaux, qui à leur tour peuvent être considérés comme des instruments pour produire de nouveaux concepts. L'entretien est donc tout le contraire d'une simple technique de recueil de données. Il représente un travail intense pour franchir tous ces paliers, tellement difficile qu'on peut dire que l'idéal n'est jamais atteint, de très loin (heureusement il est possible de faire une bonne recherche avec du matériau imparfait). Difficile pour l'enquêteur comme pour l'informateur, qui forment véritablement une équipe. Paul Rabinow (1988) explique combien la constitution de cette équipe est lente et hasardeuse pour l'ethnologue : il cherche à tester divers informateurs, alors que le « processus dialectique du travail de terrain » (p. 47) ne s'enclenche jamais dès la première seconde. L'enquêteur doit d'abord faire prendre conscience d'une question à laquelle l'informateur n'avait pas pensé, qui pour lui allait de soi ; il faut ensuite le temps que ce dernier se forge une opinion ; il faut enfin qu'il parvienne à l'exprimer en des termes qui correspondent aux attentes de l'enquêteur. Dans l'entretien compréhensif, les contraintes sont les mêmes, avec en plus le fait que le « processus dialectique » doit être enclenché aussi vite que possible. Il commence par l'empathie et l'engagement mutuel des deux personnes. Mais il y a un troisième pôle, essentiel, sans lequel l'entretien n'a pas de sens : l'objet de la recherche. L'informateur n'a que des bribes d'éléments sur cet objet, et pour lui le troisième pôle est plutôt sa vie, matière première de l'entretien, qu'il regarde comme il ne l'a jamais regardée. Pour l'enquêteur, cette matière première s'inscrit dans un cadre plus large : la problématique de la recherche. Même s'il n'y a pas unité parfaite entre les deux partenaires sur la définition du troisième pôle, ils l'utilisent toutefois comme si cette unité existait pour avancer ensemble. Ce jeu à trois pôles exige des efforts continuels pour déboucher sur des résultats. Il place l'informateur dans une « posture extraordinaire » qui le sort de sa manière d'être et de penser habituelle et le pousse à exercer un travail « véritablement théorique » (Bourdieu, 1988, p. 12). Un travail théorique sur sa propre vie.

3.6 Les tactiques

Instrument central, le processus à trois pôles ne parvient pas à se développer sans que l'enquêteur utilise tout un arsenal de tactiques pour favoriser l'expression. Tout est bon pour faire parler et bien faire parler : le charme, la séduction, l'humour (Douglas, 1976). L'humour est une technique particulièrement efficace : un enquêteur gai et souriant obtient des résultats incomparablement supérieurs à ceux d'un enquêteur morose et fermé. Une technique à manier néanmoins avec précaution : dans certains cas les informateurs adoptent un comportement de fuite en cherchant à tourner en dérision l'entretien.

Au-delà des attitudes et des façons de parler, les tactiques peuvent concerner la définition de la situation d'entretien. Dans *Corps*, une des questions les plus difficiles avait trait au degré d'intérêt sexuel que les hommes pouvaient avoir en regardant les seins nus : la tendance à la dissimulation était manifeste dans les réponses, surtout dans les interviews de couples. La mise en place de situations particulières d'entretien permit de contrôler ce matériau suspect. Un enquêteur par exemple s'immergea dans la dynamique de groupe de bandes de jeunes hommes, et s'identifia à eux pour favoriser leur expression habituelle. Ou, ce qui n'avait pas été prévu, des informateurs prirent prétexte du thème sous ses aspects les plus crus pour draguer une enquêtrice. Celle-ci utilisa habilement la situation et la tourna à son avantage, en obligeant ses interlocuteurs à aller très loin et à être précis dans leurs explications ; tout en conservant une distance qui devenait ici nécessaire. Jack Douglas (1976) propose de libérer l'imagination pour sortir des cadres souvent trop stéréotypés de l'enquête, de provoquer des contextes originaux pour faire émerger une information nouvelle. Il ne faut pas avoir peur de laisser agir une « part sauvage », pour reprendre l'expression de Bernard Crettaz, une volonté de transgression et d'invention sans laquelle « il n'y a que tautologie » (1987, p. 79).

3.7 Une illustration

Pour concrétiser ce qui a été dit sur la conduite d'entretiens, voici un extrait, provenant de l'enquête ayant débouché sur la publication de *La Trame*. Il a été choisi pour la difficulté du thème abordé : la conversation conjugale. Les couples ont en effet tendance à se présenter d'une façon ne correspondant guère à la réalité des pratiques, restant dans des généralités créant l'illusion que la communication est parfaite : il est donc important de pousser les questions pour parvenir à des descriptions plus justes et plus précises.

L'extrait est intéressant sur ce point : à chaque question l'entretien aurait pu s'arrêter, l'informatrice ne disant que le minimum requis par la politesse et refusant de s'engager. Le résultat obtenu l'a été entièrement grâce à l'art de l'enquêtrice, qui a su à chaque fois trouver la bonne question, faisant alterner des relances, des dynamisations plus fortes (utilisation du rire), repérant et utilisant immédiatement le fragment de phrase permettant d'aller plus loin (« Quand ça me sort »), acceptant enfin de s'engager elle-même quand l'informatrice l'y invita.

– Avec votre mari, il y a des sujets de conversation que vous évitez, par exemple sur des choses qui vont pas entre vous ?
– Non, on cause de tout, pas toujours beaucoup, mais de choses et d'autres.
– Mais par exemple vous lui avez dit que vous n'étiez pas contente qu'il en fasse si peu ? (elle l'avait signalé quelques instants avant).
– Oh ça, ça sert à rien, je lui dis mais ça sert à rien.
– Qu'est-ce que vous lui dites ?
– …
– C'est à quels moments que vous lui dites ?
– Oh ça, je sais pas, c'est des fois…
– Dans des circonstances particulières ?
– Oui dans des circonstances particulières.
– Vous avez ça dans la tête, hein, mais c'est dur de préciser, de dire quand exactement, hein ! (rires)
– Oh oui votre question là, oh là là ! (rires), je sais bien que ça me sort des fois, mais c'est comme ça, quand ça me sort !

– Ça vous sort parce qu'à ce moment là faut que ça vous sorte ?
– Oui c'est quand je suis très énervée, quand ça bouillonne là-dedans. Quand il laisse traîner les vêtements partout. Je sais bien que c'est pas que lui. Il y a beaucoup d'hommes qui sont comme ça, c'est pas vrai ?
– Oui, je le vois souvent en ce moment dans l'enquête.
– Ah ! Et puis le pire, c'est qu'on a beau leur dire, ils entendent si ils veulent. Je sais bien que je parle à des murs, mais ça me fait du bien quand même, et même s'il veut pas entendre il entend quand même. C'est pas facile avec les hommes : mais c'est vrai parfois qu'il y a des tas de choses que je voudrais parler, mais quand ils ont pas envie d'entendre, ils entendent rien. Et ça sert à rien de le bousculer, après ça se gâterait. Moi c'est ce que je me dis : garde ça pour toi, ça sert à rien ; juste un peu pour vider mon sac quand ça me sort.

3

LE STATUT DU MATÉRIAU

1. Pourquoi les gens parlent

1.1 La construction de la réalité

Les composantes de l'entretien compréhensif sont susceptibles d'être séparées, et par suite utilisées dans des contextes divers. La méthode forme toutefois un ensemble cohérent, qui ne prend véritablement tout son sens et son efficacité que lorsque ces composantes sont réunies ; la fabrication de la théorie à partir des faits notamment, est étroitement liée au jeu à trois pôles dans la conduite personnalisée des entretiens. De la même manière, si l'entretien compréhensif peut être utilisé dans des cadres théoriques différents, certains sont plus adaptés, en consonance avec les techniques. C'est particulièrement le cas des courants s'articulant autour de la notion de construction sociale de la réalité, qui refusent la coupure entre objectif et subjectif, individu et société (Corcuff, 1995).

L'entretien impersonnel et standardisé repose au contraire sur une conception de la réalité existant comme un donné, dans la concrétude des faits extérieurs à la pensée. La représentation, niveau auquel se situe l'entretien, est alors perçue comme un reflet (plus ou moins pâle ou déformé) de cette réalité. L'enquêteur est donc convaincu de ne pas se situer à un niveau privilégié d'observation, et concentre tous ses efforts pour éviter les déformations et améliorer la qualité du reflet.

La vision dialectique de la construction de la réalité débouche sur une tout autre position de l'entretien. Norbert Elias (1991c) explique comment l'individu peut être considéré comme un concentré du monde social : il a en lui, structurée de façon particulière, toute la société de son époque. C'est la base explicative du caractère extraordinairement complexe et contradictoire de la personne humaine, du moi multiple (Douglas, 1990 ; Elster, 1985) : nous sommes infiniment contradictoires parce que nous avons en nous, au moins potentiellement, toutes les contradictions de la société. Confronté à ce social hétéroclite incorporé, l'individu ne devient lui-même qu'en fabricant son identité, c'est-à-dire en tissant le fil qui donne un sens à sa vie ; le principe de la vérité unique est essentiel à la bonne marche de la vie ordinaire (Boudon, 1990). Jour après jour il travaille à ce fil, se construisant en tant que personne par la réalisation de son unité ; travail d'autant plus difficile que cette unité est incertaine et qu'elle change sans cesse. La représentation n'est donc pas un simple reflet, elle est un moment crucial dans le processus dialectique de construction de la réalité. Celui où la perception du social transite par les consciences individuelles, où ce social est trié, malaxé, pour déterminer des comportements parmi des milliers possibles, c'est-à-dire pour choisir ce qui va être concrétisé et s'inscrire à son tour dans le social. Le subjectif ne s'oppose pas à l'objectif, au réel, il est un moment dans la construction de la réalité, le seul où l'individu ait une marge d'invention, moment marqué par la nécessité de la sélection et l'obsession de l'unité.

1.2 Une situation expérimentale

L'enquêteur doit s'en convaincre : il occupe une position d'observation privilégiée, en prise directe sur la construction sociale de la réalité à travers la personne qui parle en face de lui. Cette dernière le sent également (à mesure que le chercheur s'engage et l'oblige à dépasser les opinions de surface) : il lui devient impossible de jouer avec les réponses, de dire n'importe quoi. L'entretien fonctionne en effet comme une chambre d'écho de la situation ordinaire de fabrication de l'identité. Il faut penser à soi et parler de soi, plus profondément, plus précisément, plus explicitement qu'on ne le fait habituellement, dans un cadre quelque peu solennel, un magnéto devant soi, pour la science. Quand l'enquêteur parvient à entrer dans le monde de l'informateur, à trouver certaines des catégories centrales de ses mécanismes identitaires, celui qui parle est pris au piège de ses propres paroles : plus elles vont loin, plus il s'engage parallèlement pour mettre de l'ordre dans ce qu'il dit de lui, car c'est sa vie, son moi, qui sont en jeu. Et plus il s'engage dans ce travail de mise en ordre, plus il parle de lui, livrant d'autres informations qui exigent à leur tour de nouvelles mises en ordre. Celui qui parle ne se limite pas à livrer des informations : en s'engageant, il entre dans un travail sur lui-même, pour construire son unité identitaire, en direct, face à l'enquêteur, à un niveau de difficulté et de précision qui dépasse de loin ce qu'il fait ordinairement. L'entretien compréhensif constitue une sorte de situation expérimentale.

L'informateur a à sa disposition deux postures caractéristiques. Il peut travailler à son unité, ce qui est le plus fréquent. Il se concentre alors sur ses opinions et comportements pour dégager leur cohérence, dessiner un autoportrait aux lignes pures ; il se bat de toutes ses forces contre l'enquêteur quand celui-ci relève des contradictions. Il peut à l'opposé utiliser la situation d'entretien pour s'interroger sur ses choix, s'auto-analyser, avec l'aide de l'enquêteur, avec qui il fait paradoxalement équipe contre son identité officielle. Cette seconde posture s'inscrit en des parenthèses dans lesquelles certains informateurs sont capables d'aller très loin. Mais il s'agit toujours de parenthèses, brusquement refermées pour défendre à nouveau l'intégrité identitaire. Il est bon que l'enquêteur sente ces variations, et change d'attitude en conséquence : quand l'informateur se referme sur la seule défense de son unité, il ne faut pas hésiter à être incisif, à souligner ses contradictions ; si par contre une telle offensive renforce encore son repli défensif, il faut user de davantage de diplomatie ; quand il porte lui-même un regard analytique sur sa vie, il faut se ranger à se côtés et l'aider discrètement à poursuivre, etc.

1.3 Banaliser l'exceptionnel

Les livres de méthode portant sur l'entretien standardisé incitent généralement l'enquêteur à neutraliser ses interventions, à gommer sa présence, pour diminuer les influences qu'il fait subir à l'interviewé, et tenter ainsi de se rapprocher de la situation banale d'une conversation ordinaire, considérée comme plus authentique. Pour avancer vers ce résultat, les analyses et les conseils qui sont donnés sont si détaillés et sophistiqués qu'ils aboutissent à ce paradoxe : la situation d'entretien est survalorisée, fétichisée (Simonot, 1979), mise en scène à un tel point qu'elle devient une situation exceptionnelle, aux mécanismes complexes voire mystérieux ; la volonté de banaliser produit l'exceptionnalité de la situation.

Le schéma est exactement inverse dans l'entretien compréhensif : la reconnaissance de l'exceptionnalité de la situation débouche sur la volonté de la banaliser. Paul Rabinow (1988) montre que c'est en faisant sortir l'informateur de son cadre habituel, en l'engageant dans une démarche réflexive par rapport à lui-même et à l'objet, que l'enquêteur obtient les données les plus riches. De même dans l'entretien compréhensif : c'est en approfondissant le caractère expérimental de la situation que les couches les plus profondes de la vérité peuvent être atteintes. Il ne faut donc pas construire l'entretien comme une situation banale, mais au contraire accentuer son aspect exceptionnel. Cependant, de même que monsieur Jourdain faisait de la prose sans le savoir, il est inutile, voire néfaste, que l'enquêteur, et encore plus l'informateur, aient conscience de cette exceptionnalité. Pour l'informateur, l'objectif à atteindre est que la situation lui apparaisse le plus simplement du monde, qu'il lui suffise de se laisser porter par son engagement : il n'a pas besoin d'en comprendre le mystère. Quant à l'enquêteur, la pression qu'il supporte, et la multiplicité des exigences qui l'assaillent (imaginer des tactiques pour approfondir l'engagement, réfléchir sur ce qui vient d'être dit, ramener les propos vers l'objet, trouver la bonne question, etc.) nécessitent pour lui aussi une perception simple, souple, décontractée, de la situation : même si l'entretien compréhensif construit un cadre tout à fait exceptionnel, il doit le banaliser pendant qu'il le vit en tant qu'acteur.

1.4 Le rôle de bon élève

Il est frappant de constater combien très souvent les informateurs entrent dans le rôle de bons élèves, prenant très à cœur l'entretien et s'appliquant pour bien répondre à chacune des questions. Ce qui n'est pas sans comporter un petit aspect négatif : le langage est choisi selon des normes scolaires, gagnant en qualité syntaxique ce qu'il perd en naturel. C'est d'ailleurs pourquoi l'humour et la décontraction sont des armes si utiles : ils permettent de briser l'esprit de sérieux tout en continuant à travailler sérieusement. Le négatif est toutefois secondaire : en entrant dans le rôle de bons élèves, les informateurs développent une volonté de travailler permettant d'aller loin dans l'investigation.

Pourquoi un tel comportement ? D'abord parce que les enquêtes et autres sondages sont désormais connus et reconnus. Ensuite, et c'est beaucoup plus déterminant, parce que les enquêtés se sentent profondément évalués sur la qualité de leur réponses (Mauger, 1991). C'est d'ailleurs un des éléments supplémentaires qui les pousse à ne pas tricher, car il est difficile de développer des arguments solides tout en trichant. Enfin parce que, après avoir commencé avec sérieux mais sans plus, il sont très vite piégés par l'enjeu quand l'entretien s'approfondit : ce n'est plus seulement la qualité de leurs réponses qui est jugée mais leur propre vie et sa cohérence.

1.5 L'envie de parler

Entre portes qui se referment et premières réponses sèches, les prises de contact et les débuts d'entretiens ne sont pas toujours faciles. Heureusement il est fréquent que l'enquêteur n'ait plus ensuite à fournir d'effort sur ce point : l'informateur a lui-même envie de parler. Il est entré dans sa biographie, voyage guidé par l'enquêteur autour d'un thème ; et il a pris goût au voyage. Il parle de lui et on l'écoute, il développe ses arguments et ses avis ont de l'importance. Il parle de lui, et vérifie sa capacité à être doté d'une identité forte, stable, et digne d'intérêt. Il parle de lui, et avec l'aide de l'enquêteur, s'interroge de façon nouvelle sur sa propre vie. Certes le voyage n'est pas toujours facile. Le « travail d'explicitation » est « gratifiant et douloureux à la fois » (Bourdieu, 1993, p. 915). Mais dans cette capacité à parler si profond et si fort de soi, il y a un « bonheur d'expression » (*idem*), un bonheur d'avoir à dire, de pouvoir dire, et de dire bien, qui pousse à dire toujours plus. Jusqu'à ce que l'enquêteur et la situation d'entretien parviennent à être oubliés malgré leur caractère peu ordinaire, effacés par l'envie de parler. De parler de soi, à une sorte de monde anonyme, tout en se parlant à soi-même.

2. Vérité et mensonge

2.1 Un reflet déformé du réel ?

Le fonctionnement normal de la connaissance repose sur un travail incessant d'interprétation ; il y a pas tant déformation de la réalité que construction de catégories d'intelligibilité (Boudon, 1990). L'homme ordinaire ne déforme pas, il donne forme, pour produire du sens, de la vérité (sa vérité). Selon le type de questions posées dans l'entretien, cette construction personnalisée du sens prend des proportions plus importantes. Plutôt que de conclure à la déformation (et au caractère inexploitable du matériau ainsi recueilli), il est préférable de chercher à comprendre la logique de production du sens (et ainsi récupérer le matériau). Dans *Corps*, une question apparemment très simple produisit des réponses particulièrement confuses : la pratique des seins nus est-elle en développement ou en régression ? Question descriptive donc, en théorie fondée sur une banale observation des faits. Un premier bilan des résultats inclinait à penser que les gens de la plage étaient sur ce point de bien mauvais observateurs : il y en avait autant à répondre dans un sens que dans l'autre. Le moins intrigant n'étant pas que de nombreuses opinions étaient formulées sur un ton très affirmatif : beaucoup semblaient très sûrs d'eux. Il arriva même que deux femmes situées à une centaine de mètres l'une de l'autre décrivirent de façon totalement opposée l'évolution de leur plage, en donnant l'exemple de ce qu'elles avaient sous les yeux (donc à peu près le même exemple du point de vue objectif). L'une, sans haut de maillot, était favorable à cette pratique, et d'avis qu'elle se développait ; l'autre, plus habillée, y était hostile, et d'avis qu'elle régressait. Leur position définissait leur perception. Élargie à l'ensemble de l'échantillon, cette clé d'analyse se révéla opératoire : les évaluations de l'évolution de la pratique étaient fortement corrélées avec l'opinion sur les seins nus ; plus l'opinion était favorable, plus la pratique était vue en hausse ; plus elle était critique, plus étaient distingués des signes de ralentissement. À partir de cette constatation, il devenait possible d'affiner la grille des « déformations ». Ainsi l'opinion négative sur l'évolution est encore plus forte chez les femmes anciennement d'un avis opposé, et qui, pour des raisons d'âge, viennent de décider d'arrêter ; le retournement de la perception jouant le rôle de justification de leur décision, et occultant le facteur lié à l'âge. Dans l'enquête, le diagnostic précis sur l'évolution de la pratique étant secondaire, l'affinement de cette clé de lecture fut stoppé. Mais il aurait été possible de poursuivre, jusqu'à pouvoir décrire les faits objectifs à partir de la compréhension des déformations.

Quand le chercheur trouve les clés de lecture et entre dans les logiques de production de sens, deux cibles de connaissance s'offrent à lui : il peut s'intéresser soit aux faits objectifs qui sont visés par les propos, soit aux conditions de production de la vérité. Dans l'exemple signalé, pour qui aurait voulu vraiment savoir comment évolue la pratique, les clés de lecture auraient pu le permettre (une méthodologie mieux adaptée aurait toutefois été plus rentable). Pour qui veut savoir comment le social est malaxé pour produire les identités individuelles, la compréhension des conditions de production du sens devient par contre essentielle et passionnante.

Dans les perceptions les plus opératoires, définissant directement des pratiques, le décalage ne peut pas être très important, les « déformations » étant moins utiles que la modélisation, la simplification du réel qui fixe un cadre clair facilitant l'action. Il n'est pas certain que le modèle soit alors moins intéressant que les pratiques concrètes, même pour qui veut étudier ces dernières : de la même manière qu'il guide l'action des acteurs, c'est en effet lui qui permet de comprendre. À la question : « Comment les hommes regardent-ils les seins nus ? », les personnes exprimèrent souvent leur réponse par un geste : un mouvement circulaire de la tête, assez lent et régulier (parfois accompagné avec le bras). L'observation permit rapidement de vérifier que les hommes ne regardaient pas ainsi : leur regard est plutôt zigzaguant, changeant rapidement de direction et devenant vague quand il se pose, sur un point du paysage sans intérêt particulier. Quand il passe sur des seins nus, l'analyse mit en évidence qu'il est très contrôlé, travaillé avec précision : il doit voir sans voir, voir réellement mais dans une sorte de flou et surtout en glissant, en n'accrochant pas (sauf dans des contextes bien déterminés). Le mouvement circulaire trouve ainsi sa part de vérité : il indique de façon simple aux acteurs un modèle de comportement, la nécessité du glissement. Parallèlement il indique au chercheur le sens profond du geste.

2.2 Les jeux d'influence en situation d'entretien

Toute position définit un type d'opinion. L'entretien n'échappe pas à cette règle : en tant que situation particulière, il induit des influences particulières sur l'opinion. Le sérieux de l'enquête peut par exemple encourager à produire des réponses sérieuses, en conformité avec ce qui est supposé être attendu d'une personne sérieuse. L'indiscrétion du thème peut inciter aux dissimulations et aux mensonges pour protéger ses petits secrets. Chaque question quand elle est posée, y compris celle qui se voudrait la plus technique ou la plus neutre, définit un jeu d'influences. Lorsque nous avons demandé : « À un certain âge, les femmes n'ont-elles pas intérêt à ne plus se montrer seins nus ? », la presque totalité a répondu positivement. Lorsque nous avons demandé : « Doit-il y avoir une limite d'âge pour enlever son haut de maillot ? », la presque totalité a répondu négativement. De telles différences selon la façon dont est posée la question peuvent démoraliser un enquêteur, qui n'ose plus prononcer le moindre mot, de peur de provoquer une influence sur son vis-à-vis. Hélas, même s'il se tait, son silence sera interprété par son interlocuteur et l'incitera à répondre dans un certain sens. Gommer les influences est impossible ; elles peuvent tout au mieux être légèrement diminuées, mais avec pour effet secondaire de produire alors un matériau pauvre (Schwartz, 1993). Il vaut beaucoup mieux entrer dans leur jeu, ce qui est possible avec l'entretien compréhensif.

Entrer dans leur jeu ne signifie pas se permettre toutes les libertés et laisser se développer les influences sans contrôle. En particulier la subordination de l'enquêteur à l'informateur est un principe essentiel, qui interdit autant que possible que les réponses soient soufflées d'une manière ou d'une autre. Dans le déroulement des échanges, il se peut qu'une telle position soit utile d'un point de vue tactique. Je l'ait dit plus haut : l'enquêteur peut même aller jusqu'à donner son avis. Mais elle ne doit pas se prolonger : son but est de libérer l'expression par un changement de style, surtout pas d'imposer des réponses de façon régulière. Quand l'enquêteur formule ses questions en y glissant les réponses possibles, il obtient un matériau faussé, et un matériau pauvre, car l'informateur ne peut pas s'engager personnellement.

Ce principe respecté, l'enquêteur doit avant tout se libérer, dynamiser l'entretien, utiliser toutes sortes de tactiques et de styles pour approfondir l'engagement. Sans se poser exagérément le problème des influences de ses propos pendant le déroulement de l'entretien. Car il n'est pas possible de tout faire en même temps ; et pour l'heure le plus important est que l'informateur s'engage. L'analyse des influences viendra par contre au premier plan lors du traitement du matériau. À ce moment, si le travail est bien fait, au lieu de constituer un élément négatif, elles peuvent donner une marge d'interprétation plus grande au chercheur, une « intelligence rusée » transformant l'obstacle en instrument (Schwartz, 1993, p. 276). Cela d'autant plus que les influences en situation d'entretien sont très souvent en rapport étroit avec les effets des positions sur les opinions dans les situations ordinaires, et plus largement avec les processus étudiés dans l'enquête. L'entretien déplace les « déformations » et produit des effets de loupe, permettant ainsi de mieux les analyser, surtout si la variation des questions et des styles confronte des influences contradictoires. Reprenons l'exemple de nos deux questions. Leur formulation différente a produit deux réponses opposées, mais il ne s'agit pas d'un problème strictement technique : une telle variation s'explique par le caractère structurellement contradictoire de l'opinion sur ce thème, ce que l'enquête allait peu à peu révéler. Les usagers de la plage ont un double langage, codifié avec précision. Au niveau le plus conscient, celui où s'expriment les principes généraux, ils se prononcent pour que chaque personne dispose de la liberté la plus totale, lui permettant de diriger sa vie comme elle l'entend. L'idée d'interdiction, de limites (l'emploi de ce terme dans une question a joué un rôle important pour guider les réponses), provoque donc un refus unanime. Par contre à un niveau implicite, et en contradiction avec les principes libertaires de surface, des règles très strictes sont élaborées, reposant sur des critères esthétiques fondés sur l'âge, qui s'imposent en disqualifiant les personnes qui ne les respectent pas. La formulation de la question du point de vue de l'intérêt des femmes âgées provoque donc logiquement une tout autre réponse, puisque c'est le second niveau du double langage qui est alors libéré. C'est grâce à de telles variations grossies par l'enquête et observables de façon expérimentale que les mécanismes sous-jacents déterminant les opinions et les comportements peuvent être mis en évidence ; les influences en situation d'entretien deviennent des alliées précieuses dès que sont comprises les règles du jeu qui les animent.

2.3 Les fables de vie

Les personnes interrogées ne disent pas toujours la vérité. Il existe des points particuliers de dissimulation et de mensonge dans chaque recherche, qu'il faut chercher à isoler et traiter par des protocoles d'enquête particuliers. Ce fut le cas dans *Corps* pour la composante sexuelle du regard des hommes sur les seins nus. Quand ces procédés n'aboutissent pas, il faut délimiter les zones d'incertitude et rester prudent dans les généralisations. Il serait toutefois erroné de rapporter exagérément ces non-dits et ces mal-dits à la situation d'entretien. Les personnes interrogées n'y mentent pas plus que dans des conversations ordinaires, et sans doute même beaucoup moins à partir du moment où elles s'engagent.

Le décalage avec la vérité des faits objectifs est ailleurs que dans le mensonge. Les gens nous racontent parfois des histoires, loin de la réalité, non parce qu'ils mentent à l'enquêteur, mais parce qu'il se racontent eux-mêmes une histoire à laquelle ils croient sincèrement, et qu'ils racontent à d'autres qu'à l'enquêteur, l'histoire qui donne sens à leur propre vie. C'est une fable nécessaire, d'autant plus difficile à déconstruire qu'elle est vécue avec sincérité, et d'autant plus vécue avec sincérité qu'elle construit les cadres de l'action. Mais le chercheur ne doit pas se laisser tromper ; il doit se méfier des histoires qu'on lui raconte, surtout des trop belles, bâties comme de vrais contes de fées.

Dans l'enquête préparatoire à *La Trame*, Anne-Sophie et Olivier m'ont raconté leur fable. Leur histoire était belle : ils étaient un couple moderne, soucieux de vivre selon des choix mûrement réfléchis. À la naissance des enfants, ils avaient décidé qu'Anne-Sophie resterait au foyer, pour le bien des enfants : ils n'avaient pas hésité, ils n'avaient pas de doute, c'était un choix qui correspondait à leurs idées, et pour cette raison ils restaient un couple moderne, convaincus de cette autre idée : la femme doit s'émanciper et constituer les conditions de son autonomie. Grâce à leur témoignage et à d'autres, la recherche se développa et permit la mise à jour de mécanismes dont l'un (les effets des décalages entre patrimoines de manières) s'appliquait parfaitement à leur histoire. Le principe est simple : nous incorporons des manières qui peuvent se sédimenter à l'état dormant mais se révèlent ensuite dans des contextes favorables ; la mise en couple et son organisation progressive réactive ainsi toute une histoire de l'ordre ménager que chacun porte en lui sans le savoir. Les manières héritées étant différentes entre conjoints, le décalage détermine alors des injonctions qui poussent l'un et l'autre dans des rôles spécifiques, quelles que soient leurs idées sur la question. Le décalage entre Anne-Sophie et Olivier était considérable : à mesure qu'ils s'organisaient dans leur ménage, Anne-Sophie révélait l'énormité de ses exigences d'ordre et de propreté ; Olivier ne pouvait plus suivre et refusa de suivre (il refusa par exemple de changer les vêtements des enfants dès qu'il y avait une tâche, ou de ranger le linge en attente d'être repassé dans des sacs plastique pour éviter la poussière). Avec la naissance du troisième enfant, l'intensité des activités ménagères et l'abandon du partage des tâches contraignirent Anne-Sophie à arrêter son travail. C'était manifestement dans leur cas une décision non choisie, contraire à leur éthique et à leurs souhaits. En inventant leur fable, et surtout en parvenant à y croire, ils reconstituèrent les conditions de l'accord avec leurs choix, les conditions permettant de bien vivre le quotidien. Plus des doutes étaient susceptibles d'apparaître, plus il devenait important qu'ils croient à leur fable. S'ils la racontent si fort au moment de l'enquête, c'est d'ailleurs parce qu'ils ont peur de moins y croire.

Le chercheur doit écouter attentivement les fables qu'on lui raconte, car c'est à travers elles qu'il trouvera des indices. Mais sans se laisser bercer et y croire naïvement ; il doit au contraire sans cesse débusquer les failles, pour mettre à jour ce qu'elles cachent.

2.4 Les effets de vérité

Gérard Mauger (1991) critique l'illusion selon laquelle les opinions émises dans des situations ordinaires sont plus vraies que celles qui sont recueillies dans un entretien. Certes l'entretien introduit un nouveau jeu d'influences, mais qui ne se surajoute pas : il en remplace d'autres. Quand l'employé parle à son patron, il n'est pas plus lui-même qu'en situation d'entretien, il est différent, marqué par son rôle d'employé, ses propos étant conformes à ce rôle. À un premier stade, l'entretien est un rôle comme un autre, qui met en scène la personne sous un angle particulier. À mesure que l'informateur dépasse ce stade et s'engage personnellement, il se libère justement des contextes particuliers où son identité ne se livre que sous un aspect, et parle plus profondément de lui-même : l'entretien compréhensif produit des effets de vérité.

Ceux-ci sont bien sûr inégaux selon les personnes, entre celles qui rusent et ne parlent que du bout des lèvres et celles qui jouent totalement le jeu. Quand les informateurs prennent goût à la confession et à l'auto-analyse, les effets de vérité sont tellement manifestes qu'il ne sont plus à démontrer. Mais même chez les plus réticents, le déroulement de l'entretien finit par les entraîner. Car le devoir de cohérence identitaire et l'attitude de bons élèves les poussent à s'expliquer. La suite logique des réponses à fournir pour donner une bonne image de soi représente une contrainte très forte, qui est rarement relevée. Souvent l'entretien est rangé du côté de l'expression subjective, et opposé au questionnaire, plus objectif. Or une telle opposition ne va pas de soi en ce qui concerne le type de matériau recueilli : alors que la discontinuité des questions permet de ruser un peu avec les réponses, le devoir de cohérence, qui joue déjà dans le questionnaire quand il est bien construit (de Singly, 1992), oblige à une sincérité encore plus grande dans l'entretien approfondi (Battagliola, Bertaux-Wiame, Ferrand, Imbert, 1993).

2.5 Les explications indirectes

Les informateurs sont pris dans une dynamique qui les pousse à se livrer avec sincérité, ce qui ne signifie pas qu'ils disent toute la vérité : ils en disent un peu plus que dans une situation ordinaire, mais les zones de secret restent nombreuses. Ils sont placés entre deux injonctions contradictoires : continuer à avancer dans l'engagement, se laisser aller à jouer le jeu, ou contrôler certaines limites, ne pas aller trop loin. Le difficile arbitrage entre ces injonctions contraires débouche souvent sur des propos de type intermédiaire : des révélations masquées. Cet élément sera très important à prendre en compte au moment de l'analyse du matériau : les aveux les plus lourds sont à lire entre les lignes. Toutes les tactiques sont utilisées pour dire sans dire, s'expliquer sans s'exposer personnellement. L'ironie et les phrases à double entente, les paraboles et maximes, les mimiques (non enregistrées) donnant une autre clé d'interprétation que le signifié apparent, les demi-mots et les bouts de phrases glissés dans des propos anodins, etc. La tactique préférée est l'explication indirecte : parler de soi à travers ce qu'on dit des autres.

L'explication indirecte se situe à tous les degrés : parfois le discours sur l'autre est un pur prétexte pour ne parler en fait que de soi, parfois c'est vraiment des autres qu'il s'agit, avec juste une touche d'identification personnelle. C'est à l'enquêteur de juger pour évaluer le degré d'implication personnelle de l'informateur. Dans *Corps* par exemple, des hommes ont souvent utilisé le discours indirect pour décrire le regard sur les seins nus, donnant au passage une indication plus ou moins voilée sur leur propre regard. Comme celui-ci : « En faisant semblant de se balader tout le monde regarde, y a pas de raisons, tout mâle en état de fonctionnement jette au moins un œil intéressé. Les hommes viennent joyeusement mater, quand il n'y en a pas, tout le monde est un peu déçu, de l'avis général des hommes, c'est bien » (p. 131). La fin de la phrase laisse percer un aveu plus clair : en tant qu'homme il ne peut que se ranger à « l'avis général des hommes ». Cet autre informateur va encore plus loin dans le glissement et l'amalgame discret entre style indirect et expression personnelle : « Sur certains ça doit faire un sacré effet, ça c'est sûr ! ah oui, ça peut pas laisser de marbre, on n'est pas fait de bois, hein ! » (p. 131). Commencée par la description, très extérieure, des comportements de « certains », la phrase évolue vers une généralisation plus englobante (« ça peut pas laisser de marbre »), avant de chuter sur un aveu à peine masqué par l'emploi du pronom indéfini.

L'explication indirecte est un instrument utilisé de façon plus ou moins volontaire. Elle est assez bien maîtrisée dans les exemples qui viennent d'être donnés, mais il n'est pas rare que l'informateur n'ait pas le temps de prendre conscience qu'il est en train de parler de lui (ce qui peut l'inciter à dire plus qu'il ne souhaite). Prenons un autre exemple, celui de Mylène (p. 132). Elle avait commencé l'entretien tout doucement. Puis un mot en avait entraîné un autre, les ébauches d'explication lui donnant soif de parler davantage, de plus en plus clair et fort. « Il y a de l'hypocrisie aussi ! Parce que la plupart des hommes, tous les hommes normaux je dis bien, ils voient une femme bien foutue à poil, tous, qu'ils aient 80 ou 15 ans, ils vont la mater ! Si vous allez voir un couple qui ne pratique pas, le bonhomme, s'il est avec sa femme, il ne va pas vous dire : moi j'adore voir les bonnes femmes aux seins nus… ». À cet instant Mylène s'interrompt, elle a senti une gêne. Elle localise aussitôt la source du problème : son mari, tout près d'elle, qui venait de nous affirmer qu'il ne regardait jamais les seins nus, et qui se tortille en silence. Elle réalise : il est l'exemple parfait de ce dont elle parle, l'homme normal avec sa femme, l'hypocrite. C'est d'ailleurs sans doute par rapport à son regard à lui, et non à celui, anonyme, des hommes de la plage, qu'elle s'est ainsi si soudainement et bizarrement mise en colère. Le silence devient lourd, Mylène n'a plus envie de parler, elle nous demande de clore l'entretien.

L'enquêteur doit jouer serré. Quand il flaire l'expression de comportements ou d'avis personnels à travers le style indirect, il est évidemment de bonne guerre de tenter de lever le voile pour faire parler plus ouvertement. Mais l'informateur peut se rétracter s'il se sent trop brusquement mis à nu.

2.6 La diversité des contenus

Le matériau recueilli par entretiens ne constitue pas une masse homogène. L'informateur varie fortement dans son degré d'engagement, pouvant passer en quelques secondes d'une réponse de pure convention à des éléments essentiels : les phrases ont un poids qui n'est pas le même et qui devra être évalué au moment du dépouillement (il ne faut pas accorder la même importance à une phrase porteuse d'un sens profond et à une phrase de surface). Le statut de ce qui est dit est également très hétéroclite et changeant : il y a des opinions bien sûr, personnelles ou puisées dans le fonds social, uniquement pour soi ou prenant la forme de jugements critiques à visée interventionniste. Mais il y a aussi des sentiments, des bribes d'histoire de vie, des autoanalyses, des réflexions et des tentatives d'analyse sociale, des observations. Selon le thème de la recherche, certains de ces contenus sont privilégiés : il est donc utile de les reconnaître pour obtenir ce que l'on souhaite. Chaque type de contenu pose des problèmes spécifiques. Les analyses spontanées par exemple représentent parfois un piège redoutable. Plus elles sont ingénieuses et pleines de bon sens (ce qui n'est pas rare), plus le chercheur est tenté de les réutiliser à son profit, ce qui est d'ailleurs la meilleure chose qu'il ait à faire. Mais peut alors venir un moment où le lecteur (et le chercheur lui-même) ne sait plus qui conduit l'argumentation et s'il y a bien toujours un capitaine à bord : l'analyse spontanée fournie par les informateurs doit rester un simple instrument aux mains du chercheur et ne pas prendre le dessus sur les hypothèses dans la construction de l'objet.

Les observations posent surtout le problème de leur validité. Nous avons vu que la position de l'informateur influait fortement sur la perception qu'il pouvait avoir de son environnement. Certains en tirent la conclusion que l'entretien est une méthode inadéquate pour appréhender la description des pratiques et qu'il doit être limité à son terrain de prédilection : les représentations. Ce n'est pas mon avis : dans de nombreux cas l'entretien peut être utilisé comme un instrument très performant pour étudier finement les pratiques. Il faut pour cela vérifier qu'une déformation massive due à la position ne se produise pas (les déformations se fixent en effet surtout sur quelques pratiques, faisant l'objet d'une exploitation idéologique, et sur les descriptions les plus générales), et croiser différents points de vue. Ces principes étant respectés, la qualité de l'observation fournie par les informateurs peut se révéler étonnante. Chaque informateur a en effet des habitudes particulières d'observation très pointue de quelques détails : dans son microdomaine, il est un spécialiste imbattable. Alors que les déformations rendent inutilisables ses propos quand on lui pose des questions trop larges, il est capable d'avoir une approche presque scientifique sur ses détails favoris. Il suffit ensuite d'enchaîner tous ces détails pour reconstituer un panorama d'ensemble. Dans *Corps,* une attention particulière a été portée à la description minutieuse du regard des hommes sur les seins nus. J'ai déjà signalé son aspect « glissant ». L'analyse a permis d'aller plus loin : à mesure que les seins s'éloignent d'un code esthétique défini avec précision, le regard est au contraire accroché et se pose quelques fractions de seconde, en envoyant un message soit de condamnation, soit d'admiration, selon que le code est dépassé dans un sens négatif ou positif ; message dont l'intensité est directement proportionnelle à l'écart avec le code. Un tel degré dans la précision de la mécanique des gestes aurait été impossible à relever par une méthode d'observation directe. Ce résultat n'a pu etre obtenu que parce que la force de travail représentée par trois cents personnes venant à la plage depuis plusieurs années a pu être exploitée. Quel chercheur peut rêver d'une équipe regroupant trois cents personnes pendant plusieurs années pour mener son enquête ?

LA FABRICATION DE LA THÉORIE

1. L'INVESTIGATION DU MATÉRIAU

1.1 Le vrai départ de l'enquête

Ce qui a été dit sur la conduite d'entretien ne doit pas décourager le chercheur débutant. Certes il s'agit d'un exercice extrêmement difficile si l'on veut atteindre simultanément tous les objectifs : gérer le jeu à trois pôles, approfondir l'engagement, trouver l'indice permettant de poser la bonne question, etc. L'expérience montre qu'une telle perfection est rare : la pratique habituelle de l'entretien compréhensif doit plutôt être vue comme une tentative pour s'en rapprocher. Les règles qui ont été définies plus haut doivent donc être considérées davantage comme un modèle guidant l'action que comme une contrainte absolue à chaque instant. Sinon il serait impossible de banaliser la situation, d'agir avec la simplicité, la décontraction et la disponibilité qui permettent de créer les conditions de l'engagement de l'informateur.

Cette précision est d'autant plus indispensable que les qualités requises pour la conduite d'entretiens sont particulières : tous les chercheurs ne sont pas de bons enquêteurs, et il est même de très bons chercheurs qui sont de mauvais enquêteurs. Ils n'ont donc pas à se désoler outre mesure quand ils constatent leur piètre talent d'interviewers : la catastrophe ne sera confirmée que s'ils se révèlent également piètres analystes et piètres rédacteurs. Pour le moment qu'ils se rassurent : la conduite d'entretiens, bien que moment exceptionnel et très difficile à réaliser parfaitement, ne constitue pas la phase la plus importante de la recherche. Celle-ci vient ensuite, avec l'investigation du matériau, second départ de l'enquête, vrai démarrage du travail de fond, et qui peut largement récupérer les faiblesses de la phase précédente. De nombreux chercheurs débutants commettent une grave erreur en ignorant ce fait. Ils ont l'impression qu'en accumulant du matériau, ils ont fait l'essentiel du travail, et que plus ils en ont accumulé, plus le travail est avancé. C'est ainsi qu'ils se retrouvent pris de court quand vient l'heure cruciale du traitement des données et de l'élaboration théorique. Deux conseils donc. Le premier, déjà signalé : commencer chaque phase le plus tôt possible, délimiter strictement le temps imparti à la campagne d'entretiens et ne pas dépasser ce temps. Le second plus original : ne pas hésiter à déléguer quelques entretiens. Cette délégation comporte de nombreux avantages. Elle permet de se concentrer sur la phase la plus importante ; elle procure du matériau plus riche et plus varié (car chaque enquêteur a son style, et ne provoque pas la révélation des mêmes informations) ; elle oblige à une plus grande rigueur et à une attitude réflexive pour diriger l'enquêteur. Bien sûr les étudiants n'ont guère le luxe de pouvoir s'offrir des vacations et de rémunérer des enquêteurs. Mais il ne leur est pas impossible par exemple de s'organiser en équipes pour la campagne d'interviews, de mener l'un pour l'autre quelques entretiens et de se critiquer mutuellement. Voire de regrouper tout ou partie de l'échantillon, ce qui permet d'alléger d'autant le dispositif, surtout si les sujets choisis sont proches ou complémentaires. La phase de la conduite d'entretien est celle qui se prête le mieux au travail collectif (après ce sera fini) : il faut en profiter.

Le vrai départ de l'enquête se situe au moment où le chercheur, après avoir contemplé son tas de cassettes, se décide à traiter ce qu'elles contiennent, pour aboutir enfin à un texte sociologique élaboré ; phase généralement définie par le terme consacré d'« analyse de contenu ». Je ne reprendrai pas ce terme. Car il a pris un sens très précis, lié davantage à l'utilisation de techniques qu'à la construction de l'objet, qui est pour moi l'essentiel et le plus délicat à opérer. Le résultat dépend non pas tant du contenu, simple matière première, que de la capacité analytique du chercheur. Le traitement ne consiste pas à simplement extraire ce qui est dans les bandes et à le mettre en ordre. Il prend la forme d'une véritable investigation, approfondie, offensive et imaginative : il faut faire parler les faits, trouver des indices, s'interroger à propos de la moindre phrase. Le jeu à trois pôles qui avait commencé dans l'entretien se poursuit ici, d'une bande à l'autre. À mesure que le chercheur progresse dans la définition de modèles, il accumule de nouvelles clés de lecture de ce qu'il écoute : de jour en jour son oreille se fait plus fine et son enquête avance. Ce sont les hypothèses et les concepts continuellement mis à jour et perfectionnés qui permettent cette avancée. La fabrication de la théorie n'est donc pas seulement un objectif final, elle représente un instrument très concret de travail, qui permet d'aller au-delà du contenu apparent et de donner du volume à l'objet. L'entretien compréhensif, qui par son contact étroit avec le concret pourrait être taxé d'empirisme, est paradoxalement une méthode particulièrement favorable au travail théorique.

1.2 Imprégnation et émotions

Mener à bien ce travail implique que le chercheur adopte une posture et un état d'esprit caractéristiques. L'investigation du matériau doit être active et productive : il y a ici une sorte d'obligation de découverte continuelle sans laquelle la recherche serait un échec (avec une autre méthodologie on peut davantage se satisfaire d'une exposition plate des données). Or il n'y a pas de découverte sans volonté de découvrir : le chercheur doit donc, chaque jour, cultiver son envie de savoir, ne pas dépouiller le matériau comme une tâche ennuyeuse et passive, mais avec curiosité et passion. Une bonne image est celle de l'enquête policière : il doit de la même manière trouver des indices, confronter des témoignages, imaginer des mobiles, recueillir des preuves. Au niveau de l'analyse des faits sociaux, l'enquêteur doit flirter avec le voyeurisme (Berger, 1973) : il veut tout voir, tout savoir, surtout ce qui se cache, il veut ouvrir toutes les portes fermées ou au moins jeter un coup d'œil par le trou de la serrure. Au niveau de l'analyse théorique, il doit vivre une passion telle pour ses hypothèses qu'elles finissent par prendre possession de lui, le hantant à tout instant. Il ne pense plus qu'à ça, même quand il veut se détendre en regardant « des mauvais films, des romans de quatre sous » : il trouve partout matière à penser à elles (Mills, 1967, p. 221). À plus forte raison bien sûr quand il est face à son matériau : l'élan de la passion de savoir doit le quitter le moins possible.

Dans la conduite des entretiens, les sentiments, indispensables pour nouer l'empathie, avaient déjà joué un certain rôle. Dans la dernière phase du travail, ils seront au contraire évacués ou étroitement contrôlés. Mais pour l'heure, ils ne sont nullement à combattre. La passion de savoir se vit comme toutes les passions, avec le corps, non sans émotions. D'autres perceptions émotionnelles ne sont pas à rejeter. Entrer à fond dans une histoire de vie ne peut se faire sans intensité émotive, sans vibrer à l'unisson de l'informateur : l'analyste doit se laisser aller pour comprendre. Lors de l'investigation du matériau, c'est très souvent parce qu'on est frappé, choqué, ému par une situation, que l'esprit est mis en éveil. Le « sentiment du moment », circulant « entre eux et moi », « bouscule la pensée de l'instant » (Laé, 1992, p. 19). Or c'est exactement l'objectif recherché : que la pensée, les catégories établies du chercheur, soient bousculées par l'histoire de vie qui se donne à voir, et qui apporte de nouvelles catégories. Bien entendu il est nécessaire ensuite de se détacher de cette émotion, d'opérer « le passage délicat du perceptuel vers le conceptuel » (*ibid.*, p. 20). Un bon moyen consiste alors à glisser d'une émotion à l'autre, de l'histoire de vie et de ses tumultes à la passion pour une hypothèse, qui ouvre la voie vers les chemins plus arides de la théorie. Enfin, plus tard, viendra le temps de l'élaboration froide des concepts et de leur mise en ordre, du toilettage précédant la séparation entre le chercheur et le produit de son travail, de l'expulsion de tout sentiment de l'objet en phase finale d'objectivation. Mais dans l'entretien compréhensif, le processus d'objectivation a des phases, différentes les unes des autres : lors de l'investigation du matériau (surtout au début), l'émotion constitue un instrument paradoxal de la construction de l'objet.

La problématisation fondée sur les faits ne résulte ni d'un schéma conceptuel pré-établi et rigide, ni d'une pure écoute du matériau : c'est dans le va-et-vient continuel entre faits et hypothèses que la théorie s'élabore progressivement. Ceci présuppose également une posture particulière pour la formulation des hypothèses. Elles doivent intervenir activement pour malaxer le matériau : le chercheur doit donc y croire intensément et les réutiliser avec constance (on n'aboutit à rien en changeant d'hypothèse chaque matin). Mais en même temps, il doit être intimement convaincu de leur caractère partiel et provisoire, et du fait que sa recherche n'avancera en fait que lorsque les hypothèses seront déplacées par les faits et engendreront de nouvelles idées. Il doit donc y croire avec passion tout en étant prêt à les abandonner ; pour d'autres bien sûr, aussi dignes de passion. Il faut savoir « se renier pour trouver » (Mills, 1967, p. 112). Sans que cela conduise cependant à oublier les anciennes idées. La moindre passion qu'elles suscitent signifie simplement qu'elles ont changé de place dans le processus de découverte, mais leur rôle peut rester grand dans l'architecture conceptuelle mise en évidence par la recherche.

La passion c'est bien connu ne se vit pas d'une manière régulière. Il en va de même de la créativité conceptuelle : l'envie de savoir ou l'élan provoqué par la découverte d'une nouvelle hypothèse ne sont pas constants. Certains jours l'ambiance est plutôt au calme, et ce calme est utile. Il permet de dépouiller le matériau sur un mode plus descriptif et systématique, ce qui est aussi nécessaire, ou de trier, ranger, contrôler des hypothèses anciennes. Il permet aussi de se reposer avant de vivre avec fougue un nouvel élan. Le chercheur peut laisser jouer ces variations, en contrôlant simplement que la proportion qui lui semble correcte pour la bonne avancée de la recherche soit maintenue.

1.3 Les fiches

La rédaction de fiches et de mémentos est une pratique qui a été recommandée par de nombreux chercheurs. Wright Mills (1967) préconise d'en griffonner sans cesse et sur tout ; Anselm Strauss (1992) pense qu'il s'agit d'un réflexe indispensable dans le cadre de la *Grounded Theory*. Il est vrai qu'elles sont précieuses dans des contextes de travail très divers, surtout à cause de leur double fonction : elles permettent d'accumuler observations prises sur le vif et idées encore dans leur « fraîcheur initiale », tout en constituant un instrument pour « dépasser les incertitudes de la pensée » (Strauss, 1992, p. 290) en se forçant à écrire ce qui passe par la tête.

J'utilise abondamment les fiches dans l'investigation du matériau. Je ne peux toutefois en parler qu'en employant la première personne du singulier. J'ai remarqué en effet, lors de divers cours sur l'entretien, que cette manière de faire était l'une de celles qui heurtaient le plus mes étudiants, davantage habitués à travailler sur des retranscriptions intégrales (par la suite découpées, annotées, etc.), et que les sensibilités à l'écrit et à l'oral étaient différentes selon les personnes. À chacun donc de mettre au point la technique qui lui semble efficace et avec laquelle il se sent à l'aise ; je développerai la mienne à titre d'exemple.

La retranscription intégrale change la nature du matériau de base, qui devient texte écrit, plus concentré sur le langage ; ce qui est idéal pour un traitement simplifié des données, mais pas pour mener une enquête approfondie, nécessitant de disposer d'un maximum d'indices. L'oral est infiniment plus riche et complexe : les rythmes, les intonations et les silences sont autant de commentaires du texte pouvant en changer le sens. L'oral est aussi plus vivant, il permet un accès plus direct à l'émotion et une plongée plus intime dans l'histoire de vie. Mais ceci n'est pas le plus important. Le traitement des données quel qu'il soit est toujours un travail de réduction de la complexité du réel : certains peuvent donc préférer opérer sur un support déjà filtré et concentré (c'est d'ailleurs aussi pourquoi très peu utilisent des bandes vidéo, trop riches). Le texte écrit, bien que très réducteur par rapport à la bande originale, peut donc constituer un bon matériau de base. Tout dépend de ce que l'on souhaite en faire. S'il s'agit d'exposer à plat les données, de les trier, ranger, de constituer des catégories et typologies, le texte écrit est efficace. S'il s'agit de donner du volume à l'objet sociologique, en problématisant au plus près des faits, l'oral me semble alors très supérieur.

Car il permet une immersion profonde, intime, dans une infinité de détails, un contact à fleur de peau avec l'histoire de vie pendant que dans la tête sont malaxées les catégories conceptuelles de la recherche : les meilleures conditions pour que s'opère la symbiose sont alors réunies. Il est bien entendu possible de s'immerger dans une histoire à partir de l'écrit, c'est d'ailleurs la technique du roman. Mais comme dans le roman, le lecteur reste libre d'imaginer l'histoire à sa façon. Or il est préférable d'être pris entièrement, emporté, bousculé par cette histoire, comme on l'est par un film. C'est ainsi que les catégories conceptuelles prennent un maximum de mouvement, que le va-et-vient entre hypothèses et données s'accélère. Sinon le chercheur reste prisonnier de ses anciennes catégories et la pâte théorique lève moins.

L'oral me semble supérieur pour qui veut fabriquer de la théorie fondée sur les faits. Lorsque la campagne d'entretiens est terminée et que je suis face à mes bandes, je n'effectue jamais de retranscription intégrale : je procède par fiches, ce qui signifie que j'attaque immédiatement le travail d'élaboration théorique, dès la première bande. Je branche mon magnétophone, j'écoute et je réécoute, autant de fois que nécessaire. Je me laisse entraîner, par l'histoire dans laquelle j'entre progressivement, par les hypothèses en mouvement dans ma tête ; adoptant une attitude d'« attention flottante » (Michelat, 1975, p. 239). Si j'écoute dix fois le même extrait, l'écoute sera dix fois différente, l'enquête suivant des pistes multiples : l'informateur n'est-il pas en train de mentir ? pourquoi prononce-t-il cette phrase bizarre ? son comportement n'invalide-t-il pas l'une de mes hypothèses ? cette hypothèse n'est-elle pas à revoir ? n'est-ce pas d'ailleurs toute l'architecture du plan qui est à reprendre ? Je ne fais aucune hiérarchie entre les niveaux de pensée, accordant autant de curiosité pour une anecdote que pour un concept général, passant de l'une à l'autre comme s'il ne faisaient qu'un. Je réglemente le moins possible, car c'est dans la surprise par le matériau et dans les articulations entre niveaux différents que gît le nouveau, me laissant guider autant que possible par mes envies de savoir du moment. Cette liberté débouche parfois sur quelques excès : pendant deux ou trois jours je peux suivre uniquement la piste du détail d'une histoire, ou au contraire me perdre dans des réflexions très abstraites, avec l'écoute du matériau comme simple bruit de fond. En général, une sorte de mécanisme incorporé rétablit l'équilibre sans que j'aie à intervenir : je me sens brusquement écœuré de concret ou de théorie, et je change aussitôt radicalement de type d'écoute.

J'écoute les bandes et les réécoute avec en tête des grilles d'interrogation qui varient, carnet et stylo en main : je note tout ce qui me vient à l'idée. La base de la plupart des fiches est constituée de phrases prononcées par les informateurs. Je retranscris donc moi aussi les entretiens, mais d'une façon particulière : fragmentée (une phrase par fiche, ou un extrait plus long mais sur un même thème) et partielle (n'est retranscrit que ce qui est jugé digne d'intérêt, procédé permettant d'alléger cette tâche pénible et de ne pas être noyé par le matériau moins central). Qu'est-ce que je juge digne d'intérêt ? De belles phrases, imagées, parlantes ; des situations intéressantes, informatives ; des épisodes intrigants ; des catégories de pensée indigènes bien argumentées ; des éléments très proches des hypothèses en cours d'élaboration. Je ne me pose pas la question du motif d'intérêt : je note parce que je trouve intéressant.

Il est rare que je note sèchement une phrase, sans autre commentaire. La plupart du temps, je divise ma fiche en deux parties. En haut je rédige la phrase qui a piqué ma curiosité, ou bien je décris aussi objectivement que possible un événement ou une situation ; bref ce sont des données à l'état brut. En bas, dans une partie bien séparée par un trait, je livre mes commentaires et interprétations. Le plus librement du monde. Je ne fais attention ni à ma manière de m'exprimer, ni à la grammaire, ni à la pureté des concepts : j'écris comme je pense. L'interprétation peut porter sur l'histoire de vie : en m'appuyant sur les indices du haut de la fiche, j'approfondis mon enquête sur la réalité profonde de l'informateur. Elle peut porter aussi sur les modèles sociaux mis en évidence ou sur les hypothèses plus théoriques (certaines fiches sont purement théoriques et ne comportent pas de données) : j'explique (en même temps que je m'explique) ce que je viens d'apprendre et comment le corpus de la recherche est reformulé. Je me sens à chaque fois sûr de ce que j'écris et j'ai toujours la même impression : ces nouvelles formulations de l'hypothèse, encore fragiles et fluides, risquent de disparaître si je ne les note pas aussitôt dans le moindre détail. J'essaie donc de tout dire, même ce qui est encore brumeux dans ma tête, ce qui m'oblige à le sortir de la brume. Je suis presque à chaque fois certain que j'utiliserai cette fiche de très près au moment de la rédaction. Or rares sont celles qui ont ce noble sort : très vite elles vieillissent, et ce qui m'apparaissait lumineux hier prend le lendemain la forme d'un griffonnage très approximatif. Lorsqu'à la fin je range mes fiches, quelques secondes de lecture me suffisent pour les dater : les concepts ont régulièrement évolué.

Est-il bien utile alors d'être aussi détaillé dans les commentaires ? Pour moi, oui, car c'est ainsi que ma pensée se précise et avance, dans l'effort « à chaud » pour clarifier les nouvelles hypothèses : les fiches sont autant un instrument de fabrication de la théorie qu'une instrument de recueil des données. Elles restent toutefois totalement exploitables sous ce second aspect : simplement les longs commentaires sont relus de façon rapide et critique à la lumière des idées terminales. Avec le recul, l'empressement (presque l'angoisse) avec lequel je voulais ne rien perdre en rédigeant chaque fiche, me paraît alors un peu ridicule. D'autant que les idées, je le constate ensuite, ne se perdent pas : elles s'enchaînent et se précisent régulièrement, la somptueuse hypothèse nouvelle n'étant en fait que la résultante d'un lent raisonnement qui n'était pas encore parvenu clairement à la conscience. D'ailleurs de nombreuses fiches se répètent aux trois quarts : l'hypothèse avait déjà été largement ébauchée dans un autre contexte. Pourtant tout ce travail est en ce qui me concerne nécessaire, de même que l'illusion et la peur que je pourrais tout perdre si tout n'était pas immédiatement mis noir sur blanc. Car elles me forcent à rédiger abondamment et dans le détail, à chaque moment d'écoute qui éveille en moi un intérêt quelconque, et ainsi à faire progresser quotidiennement la construction de l'objet.

D'un point de vue technique, j'ai trois outils à portée de la main : le magnéto, mon carnet de fiches, et le plan évolutif. À chaque hypothèse qui émerge, ou à chaque fois qu'apparaît un aspect descriptif un peu nouveau, j'ajoute de petites indications ou des sous-titres sur mon plan. Quand l'hypothèse est plus centrale, ou que le vieux plan de lui-même commence à être surchargé de ratures et d'indigestes sous-partitions gigognes, je remets l'ensemble au propre. Ce n'est jamais un épisode purement technique, mais au contraire un moment de grandes décisions sur l'architecture d'ensemble. Pour donner un ordre d'idées, j'effectue six à huit réorganisations totales du plan au cours d'une recherche. En ce qui concerne les fiches, j'en rédige souvent plus de deux mille, ce qui donne une moyenne d'environ dix fiches par page lors de la rédaction du texte final.

1.4 Deux exemples

Pour concrétiser un peu plus, voici deux exemples de fiches. Il aurait fallu en donner beaucoup d'autres pour illustrer leur variété : certaines par exemple ne comportent que du matériau brut (des extraits non commentés), d'autres au contraire de l'élaboration théorique sans matériau. Ces exemples ne représentent donc pas un modèle. Ils donnent toutefois un aperçu des fiches les plus courantes : la première est fondée sur des extraits d'entretien et la description d'une situation, avec seulement quelques commentaires théoriques et méthodologiques ; la seconde à l'inverse prend appui sur une phrase brève pour développer des hypothèses.

H92 : « C'est vrai que l'idée qu'on va avoir parfois est en contradiction avec ce qu'on pense. »
Il tient à se présenter comme un homme moderne, hyper-tolérant : il aurait préféré ne parler que du droit de chacun de faire ce qu'il veut. Face aux questions qui le poussent à énoncer des limites à cette liberté, il est sur la défensive, répondant de façon brève, sans s'engager.
Hélas pour lui sa copine (qui semble ne pas avoir compris son embarras) lui rappelle qu'hors micro il n'arrêtait pas de dire : « Celle-là elle ferait mieux de se cacher. »
Dans un premier temps, il tente de la faire taire, notamment par cette ruse : « Je dis ça pour rire ! » Puis il finit par avouer : « C'est vrai, faut le dire, les moches on est moins enthousiaste. » Enfin il va prendre conscience de son double niveau de pensée, et réfléchir sur « l'idée qu'on va avoir » (l'envie de préférer les belles) qui entre « en contradiction avec ce qu'on va penser » (le souhait que chacun fasse comme il veut).

Résultat : on voit bien dans cet exemple que le double niveau de pensée est habituellement vécu sans vraie conscience de la contradiction. La pensée contradictoire est une structure banale de la vie ordinaire, gérée sans gros problèmes (sauf quand les deux niveaux arrivent en même temps à la conscience et rendent difficile une opinion ou une décision) (ici dans la situation d'entretien).

Méthode : la situation d'entretien pousse à valoriser la tendance à la tolérance. Quand c'est manifestement le cas, il faudra corriger en soulignant les phrases restrictives prononcées à demi-mots.

F31 : « Je crois que tout est dans la tête quand tu fais du sein nu : l'important est de le faire hyper-naturellement. »

Phrase parfaitement contradictoire. Pleine de sens.
Le naturel, c'est ce qui va de soi : ne passe pas par la tête.
Or ici, pour atteindre le naturel, il faut que ça passe par la tête.
F31 indique par là qu'il faut un effort, un travail, savoir penser et regarder les seins nus d'une certaine manière : construire le naturel.

Hélas je ne sais pas si cette belle phrase est exploitable. Car elle devient complexe quand on la creuse.
Le terme du processus est en effet que l'effort sur soi aboutisse à ce que ça ne passe plus par la tête, que cela devienne effectivement hyper-naturel sans la tête, incorporé.
En fait cette phrase illustre un moment intermédiaire du processus, quand le naturel n'est pas encore complétement construit.
Reste à savoir s'il y a toujours passage par la tête pour construire le naturel. Ce n'est pas du tout évident, bien au contraire. Cf. par exemple l'histoire (à retrouver si exploitation) de celle qui expliquait que son éducation l'avait préparée à l'aisance corporelle.
La question qui pourrait être posée serait alors : dans quelles conditions y a-t-il travail conscient, sortie de l'implicite, pour construire le naturel (sans doute quand il y a contradiction entre les habitudes incorporées et les scénarios d'action).
(C'est une bonne question mais elle m'entraîne sans doute un peu trop loin. Sans doute me limiter au plus simple de cette fiche : le caractère construit du naturel)

2. Le frottement des concepts

2.1 Savoir local et savoir global

Comment naissent les hypothèses ? Wright Mills explique qu'elles proviennent du mélange paradoxal de deux facteurs. D'une part la volonté activiste du chercheur, son « agilité intellectuelle » et son « désir farouche de comprendre » ; d'autre part au contraire sa passivité, son ouverture tolérante, qui lui permettent d'accueillir des « soudures imprévues » (1967, p. 222). Si le chercheur reste prisonnier de ses seules idées (de ses idées fixes) sans s'ouvrir au nouveau, ses acquis théoriques stagnent et se rigidifient ; s'il est insuffisamment interventionniste, le relevé des « soudures » reste descriptif et n'est pas utilisé comme un instrument créatif.

La combinaison de ces deux facteurs est à la base de la manière traditionnelle de faire de la théorie (la théorie formelle et cultivée) ; la volatilité des idées abstraites permettant d'imaginer avec facilité les « soudures » les plus diverses (à condition que le chercheur possède un minimum de culture théorique). Dans la théorie fondée sur les faits, la contrainte du terrain limite la liberté de mouvement. Cette perte est toutefois compensée par une particularité très stimulante : les confrontations entre différences de niveaux de la pensée. Dans la théorie classique, tous les concepts signalés et malaxés sont situés au même niveau : le plus général. Quand des faits concrets, des statistiques, des extraits d'entretiens sont cités à comparaître, c'est uniquement à titre de témoins, d'illustrations en arrière-plan, de soutiens à l'argumentation. Ils ne sont pas considérés comme des éléments intrinsèques de l'argumentation à l'œuvre ; ce qu'ils sont dans la théorie fondée sur les faits. Ici, toutes les catégories signalées participent à la construction de l'objet, quel que soit leur statut dans la hiérarchie du savoir, de la plus humble, ordinaire, populaire, quotidienne, à la plus légitime, auréolée de la gloire conférée par une présence remarquée dans les traités de sociologie. Elles sont toutes susceptibles de jouer un rôle aussi important, les unes ou les autres arrivant brusquement à l'avant-scène de la réflexion ; mais un rôle différent selon la place occupée dans la hiérarchie.

L'objet sociologique se construit en utilisant les catégories indigènes pour élaborer ses modèles, tout en prenant de la distance avec elles à mesure que les modèles se précisent. Grâce à cette alchimie subtile, la pensée peut progresser. Même quand le chercheur croit tout savoir de son thème, il doit continuer à se sentir modeste face au moindre savoir local, à la catégorie indigène la plus anodine (le jour où il ne parvient plus à rester curieux, il ne lui reste qu'à conclure son travail : il n'apprendra plus rien). Pourtant, plus il progresse dans sa recherche, plus ce savoir local apparaît tronqué, partiel, illusoire, minuscule, à la lumière de ce qu'il a appris des déterminations qui le régissent ; le paradoxe est qu'il reste, malgré tout, la source de l'élaboration théorique.

Les hypothèses apparaissent par « soudures imprévues », interconnexions entre catégories conceptuelles n'ayant jamais été mises en relation. Le chercheur doit donc maintenir son ouverture intellectuelle à tous les mouvements possibles, en tous sens, laisser jouer les transversalités les plus sacrilèges des dogmes établis. Dans la théorie fondée sur les faits toutefois, une structure particulière de confrontation domine largement : la confrontation permanente entre savoir local (catégories indigènes) et savoir global (concepts abstraits). La clé de la productivité de l'analyse est l'activité incessante de « *go-between* » (Schwartz, 1993, p. 302) entre observations concrètes et modèles généraux d'interprétation, l'« aller-retour dialectique continu entre le plus local des détails locaux et la plus globale des structures globales » (Geertz, 1986, p. 88). Clifford Geertz insiste sur la nécessité de la compréhension des catégories indigènes. Il faut pour cela entrer dans le système de valeur, dans la vie de l'informateur, en étant ouvert à la compréhension des expressions les plus discrètes et bizarres, « saisir un proverbe, discerner une allusion » (p. 90) pour arriver à reconstituer tout son système symbolique, à « voir les choses du point de vue de l'indigène » (p. 74). Plus le détail s'affine et trouve sa place dans un ensemble cohérent, plus il s'articule à des niveaux intermédiaires de conceptualisation, plus l'interconnexion avec des concepts abstraits devient fiable.

Clifford Geertz, pratiquant l'ethnologie exotique, parle logiquement d'un savoir « indigène ». J'ai hésité avant d'adapter ce terme à l'entretien compréhensif, pour lequel les « indigènes » sont généralement nos semblables, des hommes et des femmes ordinaires. Toutefois le terme reste juste, et son caractère un peu décalé comporte l'intérêt de souligner un peu plus une idée essentielle : l'homme ordinaire est porteur d'une culture inconnue, presque aussi étrange, presque autant à découvrir que celle des Bororos. Si l'enquêteur n'en est pas persuadé, il ne pourra avoir l'attitude d'écoute et la volonté de recherche permettant de débusquer les catégories locales porteuses de savoir, source de l'élaboration théorique.

Entre « le plus local des détails locaux » et « la plus globale des structures globales », le chercheur ne devrait pas cesser de circuler, s'arrêtant à des niveaux intermédiaires pour regarder de plus près. Les formes intellectuelles de l'attention sont également différentes : les émotions et les simples impressions se mêlent aux déductions et autres raisonnements plus conceptualisés. Le chercheur doit laisser jouer tous ces changements de contenus et de niveaux, se laisser emporter par ce que lui évoque l'écoute des bandes et par le déroulement imprévisible de ses idées. Il ne doit redresser la barre que de temps en temps : quand l'attention se fixe trop souvent au même niveau (risquant de produire une recherche plus descriptive ou au contraire plus abstraite que voulu) et quand elle contourne les concepts centraux, nécessaires à la construction de l'objet. Les moments de refonte du plan se prêtent bien à cet exercice de bilan sur les niveaux d'attention et la forme que devrait prendre en conséquence le produit final. Plus il s'avère qu'il y a une carence manifeste (pas assez de matériaux, pas assez de théorie, accumulation d'observations mal articulées, etc.), plus il est nécessaire de tenir fermement la barre dans une direction, de guider l'attention dans ses voyages : il est tout à fait possible de se laisser flotter tout en surveillant où mène le courant.

La circulation imprévisible et en tous sens ne signifie pas que tout soit mélangé n'importe comment dans la tête du chercheur : même s'il change sans cesse, un ordre précis des idées se structure à chaque instant, une hiérarchie de l'attention ayant à son sommet une seule catégorie ou un groupe de catégories. C'est cet ordre qui permet la découverte. Car l'invention n'est possible que s'il y a concentration très pointue (Jousse, 1974). La passivité qui permet à l'attention de flotter et de rester ouverte à la surprise ne doit donc pas mener à l'endormissement : bien que ne choisissant ni son gibier ni son terrain de chasse, le chercheur doit se tenir prêt à réagir avec rapidité, force et précision au moindre indice, à fixer son attention au cœur de la cible. Résumons-nous : l'hypothèse nouvelle provient d'une « soudure imprévue » et d'une concentration sur un petit nombre d'idées à la fois (les autres étant moins présentes à la conscience). Logiquement, l'attention fixée sur la soudure elle-même est donc au centre du processus créatif.

La soudure idéale part d'un fait observé et le relie à une hypothèse centrale tout en transformant cette dernière. Voici un exemple tiré de *Corps*. Je dépouillais la bande de Nancy, jeune étudiante américaine. La concentration intellectuelle ne peut rester égale pendant toute l'investigation du matériau : il y a de nécessaires moments de relâchement. J'étais justement dans l'un d'eux, écoutant son histoire avec curiosité, mais sans prendre de notes, riant de bon cœur de ses anecdotes racontées avec un accent d'une irrésistible drôlerie. Avant de venir en France, en cet été où nous allions l'interroger, ses parents, avertis du danger qui sévissait sur les plages du vieux continent, lui avaient fait jurer de ne jamais s'adonner à la pratique scandaleuse. Elle n'avait eu ni à se forcer, ni à mentir, étant elle-même convaincue du caractère parfaitement immoral des seins nus. « C'était pas une chose pour moi, très mauvais, très très mal. » Et puis sur la plage tout changea. Elle ne vit pas le mal. Au contraire, il n'y avait là que des gens décontractés, sans attitudes malsaines, des femmes au superbe bronzage uniforme : elle eut aussitôt envie, et ne tarda pas à rouler son maillot. Il n'y eut que la première fois que l'impression fut forte et qu'elle ressentit de la gêne : dès le lendemain elle était habituée, emportée par le mouvement. « C'est agréable, très très, ça fait voir une autre vie. » Je me souviens que peu à peu j'ai cessé de rire, pour m'intéresser de plus près à son histoire (m'y serais-je intéressé si je n'avais pas tant ri ? ce n'est pas du tout sûr). En bonne logique compréhensive, cherchant à participer autant que faire se peut à ses émotions et à l'évolution de son système de pensée, j'ai alors tenté de me glisser dans sa peau. Et j'ai ressenti concrètement l'« autre vie », pour reprendre sa belle expression, à partir d'une simple prise de rôle. Aussitôt la soudure s'effectua avec mon hypothèse sur la distance au rôle, qui venait justement de subir plusieurs attaques à l'écoute du matériau. Cette dernière attaque était encore plus violente, précise, et surtout elle avait résonné intimement en moi. Ce qui ce passa alors mérite d'être souligné : le retournement entre hypothèse et matériau dans la hiérarchie. Dans les phases calmes du dépouillement, les hypothèses occupent la position supérieure : elles fonctionnent comme grille de lecture du matériau. Quand une histoire est forte et révèle un aspect nouveau (comme celle de Nancy), c'est au contraire le matériau qui occupe le devant de la scène, instrument permettant de reformuler les hypothèses.

2.2 Variations et cas négatifs

Même si le résultat obtenu est rarement aussi important que ce bouleversement de l'hypothèse centrale, le mécanisme d'inversion de la hiérarchie entre hypothèses et matériau est continuel : les faits arrivent sans cesse sur le devant de la scène, car ils ont à apprendre quelque chose, faisant ainsi évoluer la problématique. Pour une raison simple : chaque cas est particulier, chaque histoire a une structure qui lui est propre. Il n'existe donc pas deux cas qui illustrent un modèle de la même manière : dès que l'on creuse suffisamment dans le détail, le modèle apparaît spécifié, donc différent. Quand le chercheur saisit une variation (et je le répète, il ne cesse d'en saisir, des dizaines et des dizaines par jour), deux possibilités s'offrent à lui. Soit il la met à plat, et affine un peu plus ses catégories de rangement, les groupes et sous-groupes, les typologies, en rajoutant une subdivision : il dresse un paysage très fin du point de vue descriptif. Soit il met cette description au second plan, pour se concentrer sur une seule chose : l'amélioration du modèle central d'analyse. S'il choisit cette option, la variation peut être utilisée comme un instrument : elle montre le modèle sous un jour nouveau, et permet ainsi de mieux comprendre son fonctionnement ou un aspect du fonctionnement. La plupart du temps, il n'est pas possible de faire les deux à la fois : soit l'on décrit et l'on classe, soit l'on essaie de comprendre les processus liés aux hypothèses centrales. Soit l'on place la variation dans une case bien dessinée, soit on la manipule comme un outil. Souvent les deux types d'exercice sont nécessaires, l'un après l'autre. Mais souvent aussi le chercheur se laisse entraîner dans un seul sens, sans être conscient de ce qui lui arrive ; et ce sens est généralement celui du seul classement des données. Or le chercheur qui veut produire de la théorie doit savoir s'arrêter de classer, pour prendre le temps d'utiliser les données comme des outils. Je reprends mon exemple. Quand j'ai écouté l'histoire de Nancy, j'aurais pu aussitôt la mettre dans la case « Distance au rôle très faible », opposée à « Distance moyenne » et « Distance importante » ; c'était simple, rapide, et j'étais débarrassé du problème. Mais je n'aurais peut-être jamais pu comprendre (en tout cas pas ce jour-là) que l'absence de distance au rôle était un élément intrinsèque de la construction de l'identité.

Les variations les plus fréquentes produisent des déplacements légers, sur un aspect particulier du modèle : elles permettent de préciser un détail, opération relativement simple. Quand elles sont plus importantes, elles peuvent provoquer du trouble et de l'indécision. C'est le cas de phrases qui apparaissent bizarres, illogiques, ou qui ne correspondent en rien au modèle, ou qui le contredisent radicalement. Il peut certes s'agir de l'habituelle exception qui confirme la règle ; mais aussi d'un élément important qui n'avait pas été vu jusque-là, susceptible de bouleverser le cadre d'hypothèses. Il est très difficile de juger, dans la mesure où le nouveau, par définition, est encore inconnu ; les choses qui paraissent bizarres ne sont en effet rien d'autre que celles que l'on n'a pas encore comprises. Avant de décider, il est préférable de privilégier systématiquement le scénario de la découverte, de donner toute leur chance aux « cas négatifs » en les observant avec attention (Strauss, 1992, p. 286). Car le risque est grand de s'enfermer dans son modèle et de refuser de voir ce qui n'y correspond pas ou ce qui le contredit trop fortement : le processus de recherche est alors bloqué ou sérieusement ralenti.

2.3 Le matériau pauvre

Nous avons vu que le matériau se situe à des niveaux divers de conceptualisation et qu'il a des contenus variés (opinions, observations, etc.). Il faut ajouter ici une autre caractéristique : il est plus ou moins prolixe selon les informateurs et les thèmes. Certaines personnes, surtout sur des sujets d'actualité au centre d'un débat de société, ont un flot de paroles immédiatement disponibles, reprises des discussions entre amis, des journaux, de la télé : le chercheur accumule avec facilité un matériau abondant. La difficulté pour lui est alors de ne pas se laisser noyer par ce matériau, de dominer les catégories d'analyse qui ne cessent de lui être proposées ; il lui faut d'une certaine manière garder ses distances. D'autres sujets produisent un résultat contraire. Ce fut le cas dans *La Trame* et dans *Corps*, où de nombreuses questions portaient sur les automatismes corporels, qui passent peu par la conscience et sur lesquels il est par conséquent difficile de parler. Les phrases recueillies étaient donc rares et brèves, allusives, banales. Ce type de matériau pauvre implique que le chercheur adopte une attitude beaucoup plus offensive dans l'investigation, qu'il exploite le moindre indice, qu'il passe plus de temps sur chaque phrase : le risque en effet n'est pas ici d'être noyé mais de rester en surface. Quel que soit le type du matériau, bavard ou pauvre, confus ou trop clair, la posture du chercheur permet de corriger ses défauts.

Travailler sur du matériau pauvre exige beaucoup d'efforts et cette situation ne doit pas être recherchée de façon délibérée : il est préférable de conduire suffisamment à fond les entretiens pour disposer de données nombreuses. Il est rare toutefois qu'au vu du plan final n'apparaissent pas des maillons faibles, des parties qui n'avaient pas été prévues au début et sur lesquelles l'enquête a été trop rapide ; le chercheur doit alors exploiter au maximum les données, comme s'il s'agissait de matériau pauvre. Il s'avère alors que l'exercice est intéressant et formateur : il apprend à pénétrer en profondeur sous la surface des propos, à y travailler les ambiguïtés et contradictions, à y découvrir les catégories *a priori* et implicites, souvent aussi porteuses de sens que les raisonnements de type rationnel plus apparents (Boudon, 1990), et plus fondamentalement structurantes de la personnalité et du social.

2.4 L'interprétation

Plongé dans l'écoute de ses bandes (ou lisant les retranscriptions), le chercheur ne cesse de prendre des décisions : il évalue si la personne lui semble sincère ou si elle ment ; il remet en cause une hypothèse ou la maintient ; il cible l'effet de loupe sur la biographie de l'informateur, ou sur un concept, ou sur le plan, etc. Certaines de ces décisions sont organisationnelles, d'autres, très nombreuses, prennent la forme d'un choix d'interprétation : le chercheur prend parti entre plusieurs possibilités, qu'il s'agisse du modèle théorique ou de la biographie de l'informateur. Ces interprétations sont incontournables : il n'est pas de recherche possible sans elles. Lorsqu'on demande à un informateur : « Pourquoi avez-vous fait cela ? », il choisit une réponse parmi plusieurs. Car il y a toujours plusieurs raisons possibles, et un nombre encore plus grand de raisons cachées des raisons apparentes (Terrail, 1995). Si le chercheur se limite à la raison donnée par l'informateur, il s'interdit de pouvoir mener un travail théorique. Il lui faut au contraire prendre les risques de l'interprétation : « La connaissance sociologique est à ce prix » (Terrail, 1995, p. 156).

Le statut de l'interprétation est paradoxal. Elle est en effet fondée sur la subjectivité du chercheur. Or c'est d'elle que dépend l'objectivation, la construction d'un objet sociologique révélant les limites de la connaissance spontanée. Ce paradoxe ne doit pas toutefois être poussé à l'extrême et conduire à penser qu'en étant très imaginatif un chercheur sera obligatoirement très scientifique. Car l'interprétation repose rarement sur la seule intime conviction et la pure imagination : elle est argumentée, reliée à une grille d'analyse. L'hypothèse n'est jamais seule, elle est surveillée, tenue par l'ensemble du modèle auquel elle s'articule. C'est d'ailleurs généralement le modèle lui-même qui est à la source de l'hypothèse nouvelle, en se trouvant confronté à des faits qui incitent à sa reformulation ; l'interprétation du chercheur se limite alors à cette reformulation. Inciter exagérément à la libre interprétation comporte un risque de subjectivisme (c'est-à-dire d'une subjectivité mal argumentée), mais conseiller trop de prudence comporte le risque contraire, actuellement le plus répandu, et sans doute le plus grave : l'absence de dimension proprement sociologique. Il serait donc bienvenu de libérer davantage l'interprétation (Gullestad, 1992) et de préférer les contrôles *a posteriori*. « Ce qui est regrettable, ce n'est pas qu'on ait produit à un moment donné une interprétation abusive. C'est d'avoir voulu s'en tenir là et d'y avoir adhéré sans autres formes de vérification » (Messu, 1990, p. 45).

2.5 La vie des concepts

Les concepts, comme les hommes, ont un cycle de vie. Selon qu'ils sont jeunes ou vieillissants, ils occupent une position différente dans le processus de construction de l'objet ; il est donc utile de savoir où ils en sont de leur histoire.

La naissance est la phase la plus confuse : les hypothèses (formes originales des concepts) apparaissent de façons très diverses. Il y a (grand bonheur !) la superbe, l'immense, qui s'impose brusquement, arrivant d'on ne sait où, bousculant tout sur son passage (mais qui souvent ne tarde pas à se révéler moins importante et à prendre une place plus modeste dans le modèle). Il y a aussi la discrète, la minuscule, la petite notation de détail, qui au contraire s'installe peu à peu dans un rôle de premier plan alors qu'on n'avait pas fait attention à elle. Il y a également la méchante, la sournoise, qui vient démolir le modèle sans donner l'impression d'apporter quelque chose en échange (en fait elle apporte, mais on refuse de le voir dans un premier temps, car le travail de deuil concernant l'ancienne hypothèse n'est pas terminé). La jeunesse de l'hypothèse est plus uniforme. Il s'agit pour elle de trouver sa véritable importance (celle qui avait exagéré son rôle modère ses ambitions, celle qui avait été trop timide s'assure davantage) et sa place dans l'ensemble du modèle. C'est donc une période de reformulation, de recherche de l'identité adulte. L'âge adulte est celui de la stabilisation définitive, et de la confirmation de cette identité stabilisée par la communauté des pairs, âge où la simple hypothèse devient par cette vertu concept. Stabilisé, le concept n'en demeure pas moins très actif jusqu'à sa vieillesse, instrument allégrement manipulé par le chercheur pour construire son objet.

Puis vient la mort du concept. Non pas son effacement définitif, mais sa disparition en tant qu'être vivant, actif dans la construction de l'objet. Les concepts à l'état mort sont les plus répandus et restent utiles ; ils constituent la culture, la mémoire d'une discipline. Ils sont donc, logiquement, très présents dans l'enseignement. Mais aussi (et peut-être trop) dans bien des livres de « "théorie" théorique [...], *melting pot* conceptuel obtenu par la compilation purement théorique (c'est-à-dire étrangère à toute application) de quelques grandes œuvres » (Bourdieu, 1992, p. 196).

2.6 Le fil

Bien que résultat d'un processus très construit (confrontation du modèle et de faits nouveaux), l'émergence d'une hypothèse est toujours surprenante, un peu folle. Ce grain de folie lui vient de son étrangeté par rapport au modèle initial. C'est la transversalité, l'analogie qui lui a permis de s'introduire : la production d'hypothèses fonctionne, très exactement, selon la logique de l'hypertexte. Mais l'hypothèse n'est jamais seule : elle s'articule à tout un écheveau d'autres hypothèses et concepts, constituant ainsi le modèle en cours d'élaboration. Et ce modèle, lui, ne fonctionne pas selon la logique de l'hypertexte mais au contraire du récit presque linéaire : idéalement il doit pouvoir être raconté de façon limpide.

La construction de l'objet est donc la résultante d'un continuel mouvement contradictoire ; émergence d'hypothèses qui bousculent et désorganisent le modèle d'un côté ; réorganisation, lissage du modèle de l'autre. L'innovation théorique dépend de la capacité à faire émerger des hypothèses ; mais si ces dernières désarticulent le modèle, elles deviennent contre-productives et il ne sert à rien d'en inventer de nouvelles. Conclusion : la condition première de l'innovation est la maîtrise de la cohérence de la recherche ; plus le modèle se tient, plus il est possible d'imaginer les hypothèses les plus lointaines. Au contraire si le modèle est fragile et risque d'éclater, le chercheur est condamné à une extrême prudence et à la non créativité.

Il est donc fondamental de dépasser la simple accumulation des idées (de même que l'accumulation sans principe du matériau), qui ne mène qu'à la confusion. Chaque hypothèse nouvelle doit être mise à sa place exacte dans le modèle, articulée à d'autres, créant des enchaînements ; car l'interprétation compréhensive est fondée sur la mise en évidence « des enchaînements et des régularités » (Weber, 1992, p. 303). C'est pour cela qu'il faut frotter les concepts entre eux, sans cesse, dans tous les sens, qu'ils soient modeste catégorie indigène ou grand paradigme légitime : pour les ajuster avec précision et les situer dans un ensemble.

Il n'est pas de recherche possible sans un fil directeur, une chaîne d'idées centrales permettant de ne pas se laisser déborder par le matériau ou l'émergence non maîtrisée des hypothèses. Ma technique du plan évolutif rédigé dès le début n'a pas d'autre objectif : tenir le fil. Dans un très beau passage sur la méthodologie de Montesquieu, Louis Althusser évoque cette question de la structure interne de l'objet et de son idée directrice. « Il ne pénétrait dans la masse infinie des documents et des textes, dans l'immense héritage des histoires, chroniques, recueils et compilations, que pour en saisir la logique, en dégager la raison. Il voulait tenir le « fil » de cet écheveau que des siècles avaient emmêlé, tenir le fil et tirer à lui, pour que tout vînt. Tout venait. » (1959, pp. 1-2).

3. Quelques outils

Comment faire parler les faits ? Comment notamment discerner les « catégories indigènes » qui permettront de travailler concrètement sur le modèle théorique ? Après avoir défini les principes généraux de la construction de l'objet dans une logique compréhensive, voici quelques exemples plus opérationnels d'outils pouvant être utilisés.

3.1 Les phrases récurrentes

L'homme est un être intimement pétri par la société de son époque, non seulement sous l'effet de déterminations extérieures, mais aussi profondément en lui-même (Elias, 1991c). Il lui arrive d'ailleurs d'incorporer des fragments de social (des idées, des images, des modèles, des expressions) sans les digérer, et de les exprimer ensuite à l'état brut, tels qu'il les a assimilés. C'est évidemment pain béni pour le sociologue : en recueillant ces fragments il observe directement le social à l'œuvre. Cela devient d'autant plus intéressant que ces fragments non personnalisés ou faiblement personnalisés ne circulent pas au hasard : ceux qui circulent ainsi, et qui restent inchangés d'un individu à l'autre, correspondent à des processus sous-jacents essentiels, qui doivent nécessairement s'exprimer de cette manière : ils prennent la forme d'un « pot-pourri de notions disparates » qui fondent le sens commun autour d'une question (Geertz, 1986, p. 115). C'est la raison pour laquelle ils ne peuvent être ni exagérément personnalisés ni explicités : ils sont reçus et transmis comme un donné d'évidence. Ils occupent une position cruciale dans le processus de construction de la réalité. Car plus une idée est banalisée, incorporée profondément dans l'implicite (et parallèlement largement socialisée) plus est grand son pouvoir de structuration sociale.

Les phrases socialement les plus importantes sont les plus banales et les plus passe-partout. Ceci ne facilite guère le travail du chercheur : comment repérer des phrases banales ? Avec un peu d'entraînement, cela devient en fait assez facile. Sur un thème donné en effet, ce sont toujours les mêmes expressions qui reviennent de façon obsédante. Et surtout : qui sont répétées de façon précise, dans les moindres détails, avec les mêmes mots. Au début on ne les entend pas, car elles sont justement faites pour passer inaperçues. Mais si le chercheur se prépare à cette écoute particulière, il ne peut manquer d'être frappé par la répétition, et la noter bien qu'elle lui paraisse au début anodine. Ensuite il faudra faire parler la phrase, ce qui est moins facile, mais le chercheur dispose au moins d'un instrument de travail.

Dans *Corps*, j'ai relevé ainsi une trentaine d'expressions récurrentes, circulant de bouche en bouche avec une étonnante régularité, parfois prononcées en décalage évident avec la position de la personne qui parle, ce qui prouve la force sociale de la circulation. Par exemple cette femme sans haut de maillot qui, à propos des seins nus, répète une des phrases fétiches des femmes plus habillées : « Moi ça ne me gêne pas. » Le statut de ces trente expressions est très divers, et n'est pas corrélé avec la fréquence de la répétition. Certaines jouent simplement le rôle d'argument commode, socialement répandu et donc disponible, permettant de ne pas s'interroger sur des facteurs plus profonds. Ainsi la hantise des « marques blanches » pour justifier la pratique des seins nus est-elle revenue comme un leitmotiv (avec sincérité : l'argument, bien que superficiel, est véritablement dans la tête de la personne qui parle). D'autres sont le résultat de toute une histoire, sur laquelle il serait possible de mener l'enquête, mais qui n'est pas centrale pour la recherche. Ce fut le cas de l'évocation du « cancer du sein ». Quand la mode des seins nus fit son apparition au milieu des années soixante, ce comportement choqua fortement une partie de la population, qui pourtant sentit qu'il lui était impossible de se prononcer ouvertement contre, de peur d'être stigmatisée comme rétrograde. La critique fut donc détournée et prit la forme d'un rumeur : les seins nus provoquent le cancer du sein. Vingt ans plus tard, les médecins alertèrent l'opinion sur les risques de cancer de la peau liés à l'excès d'exposition au soleil. Aussitôt l'expression, légitimée par ce renfort inattendu, prit une seconde jeunesse. Qu'importe que les médecins parlent de cancer de la peau et non de cancer du sein : le « pot-pourri de notions disparates » n'a pas peur de l'amalgame approximatif. Et que ce soit chez les adversaires qui n'osent s'avouer, ou chez les pratiquantes qui ont quelques doutes, ont entend à nouveau beaucoup parler de cancer du sein.

Les expressions récurrentes ont toujours un intérêt dans le cadre d'un travail descriptif : elles indiquent un marquage social, même s'il se limite au niveau de l'opinion. Certaines toutefois sont beaucoup plus significatives pour qui veut non seulement décrire mais comprendre en profondeur les processus à l'œuvre. Je n'ai pas de recettes pour les repérer : elles sont particulièrement banales dans leur forme. Le seul outil est leur frottement avec le modèle théorique : il faut, avec les hypothèses plein la tête, trouver ce qu'elles pourraient avoir à dire. Elles sont si banales d'ailleurs qu'il faut en général que le modèle soit déjà bien avancé pour parvenir à comprendre leur sens profond.

Dans *La Trame*, j'avais entendu des dizaines et des dizaines de fois des couples me répéter « Ça s'est passé tout seul », « Ça s'est passé comme ça », quand je leur demandais comment cela s'était passé. Ce n'est qu'ensuite que j'ai compris que cette phrase exprimait en fait le modèle fondamental du fonctionnement conjugal : la structuration implicite. Je voulais les forcer à parler, et eux avaient plus à me dire par un silence (discrètement explicité par la phrase récurrente) que je ne savais pas entendre. Dans *Corps*, c'est des centaines et des centaines de fois (peut-être même des milliers) que j'ai entendu « C'est pas beau » et « C'est normal ». À nouveau ces expressions banales étaient pleines du sens théorique le plus riche : je compris peu à peu que tout le fonctionnement social autour des seins nus était fixé sur la définition collective d'une norme elle-même fondée sur des critères esthétiques. Évidemment le modèle théorique mis en évidence est incomparablement plus sophistiqué que les phrases recueillies. Mais elles fonctionnent comme des indices. Et j'ai souvent remarqué que lorsqu'elles étaient légèrement plus détaillées, elles apportaient des informations et des précisions la plupart du temps très justes : c'était exactement les mots qu'il fallait, logiques, cohérents avec le processus analysé.

3.2 Les contradictions

Chacun porte en lui des dynamiques de personnalité différentes, une infinité de schémas peu cohérents entre eux, et même contradictoires. L'impression d'unité donnée par l'informateur dans son récit ne doit donc pas tromper le chercheur. Il lui faut se méfier d'elle et prendre une posture d'analyse : aussitôt apparaissent des interprétations diverses de la biographie. Car dès que l'on s'interroge en profondeur sur une existence, son caractère composite se manifeste. La biographie d'Arnaud de Brescia (Frugoni, 1993) en donne un bel exemple : à partir de dix sources historiques différentes, l'auteur reconstitue dix figures très contrastées d'Arnaud. De même les portraits dressés par les sœurs Groult de leur père (Sagalyn, 1988) : Flora en trace plusieurs et Benoîte, à mesure qu'elle s'interroge, s'avoue incapable de dire qui il était vraiment.

Pour le chercheur, l'instrument privilégié pour ne pas se laisser prendre à la trop belle histoire qu'il entend, est le repérage de contradictions dans le discours. Elles lui indiquent l'existence de logiques différentes qui, une fois mises en évidence, lui donneront une marge de manœuvre considérable, une clé d'interprétation : il pourra, grâce à elles, déconstruire le récit et donner un sens précis à ses diverses composantes. Certaines de ces contradictions se rapportent au modèle théorique, d'autres plus localement à la biographie ; leur utilisation n'est pas exactement la même dans les deux cas.

Les contradictions liées au modèle donnent un instrument supplémentaire, efficace, dynamisant la méthode consistant à utiliser la grille théorique pour décrypter le matériau. À l'intérieur de cette catégorie des contradictions liées au modèle, diverses formes peuvent être distinguées. La contradiction peut manifester l'existence d'un mécanisme social structurellement contradictoire. Ainsi les hommes qui regardent les seins nus adoptent-ils un type de regard très travaillé, articulé autour d'une opposition : ils « voient sans voir ». Logiquement, les personnes qui parlent de ce regard ne cessent donc de se contredire selon qu'elles insistent sur l'un ou l'autre aspect, que les hommes voient ou ne voient pas. Souvent les deux termes de la contradiction s'inscrivent avec régularité dans les divers niveaux du discours. Par exemple les femmes qui attendent un peu avant d'enlever leur haut de maillot disent ne pas observer alors qu'elles observent discrètement sans se l'avouer. Elles sont sincèrement convaincues de ne pas observer : cela correspond à la morale officielle de la plage. Leur réponse est donc négative quand l'enquêteur leur pose des questions générales (qui déclenchent l'expression du principe moral). Mais quand il pose des questions précises, il conduit à révéler des niveaux de pensée ordinairement refoulés dans l'implicite, et la réponse est très différente. Dernier cas de contradiction liée au modèle : les grappes de rôles. Les individus ne sont pas socialisés dans de grands rôles bien délimités et stables, mais voyagent continuellement à l'intérieur de grappes de rôles associant des cadres de socialisation à la fois proches et très différents. Les femmes par exemple se réfèrent à trois types de présentation de leur corps : la banalisation, la sexualité et la beauté. Dans de très nombreux contextes analysés dans l'enquête, il y a passage incessant de l'un à l'autre ; il n'est pas rare qu'une phrase exprime un rôle au début et un autre à la fin. Lorsqu'il est parvenu à dessiner les grappes de rôles, et à suivre le cheminement de la personne à l'intérieur, le chercheur se donne les moyens de comprendre le sens caché de la confusion apparente des propos.

Les contradictions peuvent également être plus particulières à l'histoire de vie. Elles ne sont pas à négliger pour autant, car ici aussi elles offrent un instrument d'analyse puissant. Voici l'histoire de Sabine et de Romain, tirée de *La Trame*. Sabine, comme beaucoup d'adolescentes, s'était révoltée contre l'image de la femme « le nez dans ses casseroles ». Le modèle social du refus de l'investissement ménager dans la jeunesse avait été mis en évidence dans l'enquête, et il était facile de lire l'histoire de Sabine à partir de lui. Mais son cas personnel était plus complexe. Ses parents s'affrontaient dans de violentes disputes, son père reprochant le laisser-aller de sa femme : elle avait toujours pris le parti de ce dernier. Pour lui faire plaisir, elle rangeait la maison, critiquant ainsi implicitement sa mère. Résultat : elle avait dans la tête deux scénarios de vie, totalement opposés. Romain aussi avait deux scénarios concernant la propreté ménagère. Il avait été élevé dans une ambiance « super-nickel » et y avait pris goût ; mais sa mère ne lui avait rien appris à faire par lui-même, et il n'en avait guère envie malgré ses proclamations égalitaristes.

Quel scénario allait l'emporter de part et d'autre quand Sabine et Romain commenceraient à vivre ensemble ? L'avenir des possibles était dans leur cas très ouvert, et leur histoire n'est effectivement que variations et rebondissements. Au début, pendant un mois Sabine avait été emportée par une véritable fièvre ménagère, critiquée par Romain, qui avait mauvaise conscience étant donné ses idées politiques sur le rapport entre hommes et femmes, mais qui ne parvenait pas à se résoudre à mettre la main à la pâte pour autant. Il avait fini par imposer ses vues et ils s'étaient mis d'accord sur le principe d'un certain désordre, proclamé et revendiqué. « C'est mieux d'avoir une maison vivante. » Accord de surface, travaillé par des logiques contraires en profondeur, qui étaient sur le point de s'imposer au moment de la dernière campagne d'entretiens (sans trop l'avouer ouvertement Romain rêve d'une femme à ses petits soins, et Sabine perçoit vaguement cette attente, se sentant incapable d'y résister).

Leur histoire est donc scandée par des changements du rapport de force entre les scénarios contradictoires. À première vue, les propos recueillis apparaissent hachés, confus, passant d'une thèse à l'autre suivant les questions, les contextes évoqués, les sentiments du moment. Le chercheur peut alors être tenté de lisser toutes les bavures du discours, pour faire ressortir une logique dominante. S'il se laisse entraîner dans ce piège, il trahit l'histoire de vie (la logique dominante à un moment n'est pas forcément la plus importante), il compile le matériau en brisant les ressorts qui lui donnent du sens, et surtout il détruit ses propres outils d'analyse, sa capacité de distance et de travail théorique. À l'inverse, c'est en replaçant chaque fragment à son exacte place dans les processus biographiques et sociaux qu'il peut mettre à jour la mécanique sous-jacente qui fait dire à Sabine telle phrase à telle occasion, et telle autre à une autre occasion. C'est ainsi qu'il peut entrer dans son système de pensée, se repérer dans la moindre variation de ses phrases, et se donner les moyens de la comprendre encore mieux qu'elle ne se comprend elle-même.

3.3 Les contradictions récurrentes

Au croisement des contradictions et des phrases récurrentes, le bonheur du chercheur est de découvrir ce véritable trésor : des phrases à la fois contradictoires et récurrentes, qui représentent un instrument d'analyse d'une puissance considérable, car elles signalent très souvent un processus central.

Dans *La Trame*, cette phrase clé, répétée de bouche en bouche par les femmes, était la suivante : « Je me dis “je suis bien bête, mais c'est plus fort que moi”. » Elle indiquait le cœur de l'objet théorique, en des termes qui se révélèrent très justes quand la mise à jour du modèle permit d'en comprendre tout le sens. « Je me dis je suis bête » exprime le niveau conscient de la réflexion : je devrais le laisser faire, même s'il ne fait pas à mon idée et que cela m'agace, ce serait la seule manière pour que le partage des tâches ménagères progresse. « Mais c'est plus fort que moi » : mon corps a un autre avis, il ne peut laisser faire, car il porte toute une histoire qui me pousse à agir y compris quand ma tête lui dit de ne pas le faire. L'ensemble du modèle théorique devait ensuite être construit sur les liens entre explicite et implicite, entre les idées dans la tête et la mémoire historique incorporée. Instrument de découverte dans un premier temps, la contradiction récurrente devint ensuite élément de preuve et d'illustration.

Dans *Corps*, la répétition était encore plus forte et précise. Une large majorité des trois cents personnes interrogées répéta en effet la même phrase : « Chacun fait ce qu'il veut, mais… » Là aussi la première partie de la phrase exprimait le niveau le plus explicite, celui des principes généraux proclamés : nous sommes une société libre et démocratique, chacun doit pouvoir faire ce qu'il veut. Mais une société ne peut fonctionner sans normes. Dans les sociétés démocratiques (au sens large, et non étroitement politique), où les individus sont sommés de choisir leurs valeurs, de construire eux-mêmes leur identité, et ont officiellement toute liberté pour cela, ces normes ne peuvent donc être que secrètes, non dites, ou murmurées à demi-mot. Et les gens effectivement murmuraient dans la seconde partie de la phrase, multipliant, sur un ton désolé, toute sortes de restrictions. Qui se révélèrent extraordinairement contraignantes, dessinant un cadre très précis de ce qu'il était normal de faire ou de ne pas faire : chacun ne fait pas ce qu'il veut. Ceci m'amena à définir le modèle du (nécessaire) double langage des sociétés démocratiques. À nouveau cette piste essentielle était tout entière contenue dans la phrase.

5

TERMINER LE TRAVAIL

1. Le calendrier

1.1 La saturation du modèle

De la même manière que les hypothèses ont un cycle de vie, le modèle théorique évolue progressivement vers la maturité. Cela se vérifie par un fait facilement observable : il se stabilise, se « durcit » (Strauss, 1992, p. 293), est de moins en moins bousculé par l'arrivée de nouvelles hypothèses ; le chercheur apprend moins de choses, mais il contrôle davantage le bien-fondé du modèle : c'est ce qu'il est convenu d'appeler la phase de saturation. Cette évolution se produit spontanément, sans que le chercheur la souhaite. Il « découvre » désormais des informations qu'il a tellement appris à connaître qu'il a une fâcheuse tendance à s'ennuyer. Autant que possible il est nécessaire de combattre cet ennui grandissant. Car la phase d'investigation du matériau saturé est indispensable : c'est elle qui permet de tester les résultats, d'évaluer s'ils pourront être généralisés et dans quelle mesure.

Le processus de saturation est le suivant. Parmi les hypothèses qui au début émergent en tous sens, se forme assez rapidement un groupe plus stable (généralement lié à la question de départ). À partir de ce noyau, la saturation s'étend ensuite par cercles concentriques : autour d'un centre de plus en plus dur, de nouvelles hypothèses sont agrégées et progressivement stabilisées ; la clarification du modèle gagne en étendue. Elle permet d'affiner et de fixer la grille de lecture. Après le stade du foisonnement des idées (au tout début il y a même souvent une absence totale de repères : le matériau entraîne on ne sait où), la grille permet donc une écoute de plus en plus sélective et pointue. C'est pourquoi le chercheur peut commencer à s'ennuyer. Pour combattre cet ennui, il existe une méthode simple. Bien que saturé le modèle n'interdit pas la survenue de variations et de cas négatifs. Au contraire, le modèle étant constitué, ils représentent à ce stade la quasi-totalité des informations nouvelles. Il faut donc se forcer à les entendre, pour préciser le modèle et continuer à le remettre en cause. D'ailleurs la saturation, bien que fondée sur l'accumulation progressive d'idées de plus en plus claires (et articulées entre elles), ne se développe pas de façon régulière : un jour peut n'apporter presque rien de nouveau mais le lendemain tout peut changer. Le chercheur n'est jamais à l'abri d'un cas négatif reformulant profondément l'hypothèse centrale au dernier moment.

Il doit donc autant que possible ne pas se contenter d'être porté par la saturation, mais la maîtriser, adapter son attitude selon l'évolution, prendre des décisions. Si la phase lui apparaît vraiment trop longue, la matériau trop abondant, la glacification du modèle quasi définitive, il n'est pas inconcevable de l'abréger : il emploiera le temps ainsi dégagé à un autre aspect de la construction de l'objet. Si au contraire les idées sont encore en plein mouvement, il doit poursuivre un peu et tenter d'accélérer le durcissement. Ces décisions ne peuvent cependant pas être programmées à l'avance au millimètre près. Par exemple dans *Corps*, la saturation était plus avancée que dans *La Trame*. Pourtant, c'est au dernier moment que m'est venue l'hypothèse du contrôle des émotions à la fois plus souple et plus contraignant (précisant la théorie de Norbert Elias) : je n'ai donc pu lui donner la place qui aurait pu être la sienne au cœur de la recherche.

1.2 L'inversion de la posture du chercheur

La maîtrise du processus est d'autant plus essentielle que le chercheur change radicalement de posture entre le début et la fin de la recherche. Au début, armé de sa question de départ, il est tout ouvert à l'écoute du matériau, prêt à se laisser emporter par les hypothèses les plus folles ; à la fin au contraire, il n'écoute que pour perfectionner son modèle, travailler sur son architecture interne, ses articulations. Au début il joue au maximum sur les tranversalités, fait résonner l'objet dans des directions inattendues ; à la fin il le sépare de ce qui lui est étranger, le constitue en produit autonome. Au début il n'hésite pas à déconstruire les premières ébauches du modèle : il n'est que bouillonnement intellectuel, inventivité, révolte contre les vieux cadres de pensée ; à la fin il a davantage une mentalité de petit propriétaire satisfait, briquant avec amour les détails de l'objet construit. Cette évolution est nécessaire. Après avoir inventé de la théorie nouvelle en déconstruisant, il est indispensable de durcir et de fermer l'ensemble dans la dernière phase. De préparer l'autonomie de l'objet qui va être livré aux lecteurs, en le livrant aussi fini que possible. Après s'être investi personnellement, émotionnellement, le chercheur doit effacer les traces de cette agitation et des troubles qui pourraient rendre l'ensemble confus, retenir ses doutes, ses hésitations, ses colères. Il doit mettre la dernière touche à l'objectivation radicale : l'objet ne lui appartient plus et doit pouvoir vivre sa vie tout seul.

1.3 L'embellie finale

La saturation n'est pas un processus parfaitement régulier. La fin du travail révèle d'ailleurs souvent une surprise : alors que tout semblait être définitivement durci et stabilisé, le travail de rédaction, les enchaînements d'arguments qu'il nécessite, la découverte de carences dans le matériau, d'une fiche de lecture qui avait été un peu oubliée, etc., peuvent plonger brusquement dans un dernier effort d'investigation théorique. Le chercheur doit s'y attendre, et pour cela réserver le temps nécessaire dans son calendrier : la rédaction n'est pas un simple travail d'écriture. Le matériau qui avait été commenté dans les fiches, parfois rapidement et avec des idées rudimentaires en tête (c'est encore plus vrai quand il n'y a pas de fiches), est reconvoqué sous un autre angle lors de la rédaction, l'instrument de décryptage étant désormais beaucoup plus fouillé et complet : inéluctablement de nouvelles interprétations apparaissent. La situation est la même pour ceux qui utilisent le questionnaire : la lecture des tableaux ne doit pas se résumer à être une technique mais alimenter le raisonnement sociologique à son point d'aboutissement (de Singly, 1992). Malgré tous les efforts pour préparer cette phase finale, il n'est pas rare que les idées directrices n'apparaissent qu'alors, s'insinuant partout, s'imposant même quand elles bouleversent l'ensemble et qu'on voudrait les chasser (Mills, 1967). L'idéal est une théorisation modérée en phase finale, tranquille, axée sur les détails, respectueuse, dans ses grandes lignes, de l'architecture longuement mise au point. Le chercheur ne doit pas se laisser emporter par des hypothèses nouvelles à n'importe quel moment.

1.4 Le rangement des fiches

Là aussi le procédé n'est technique qu'en apparence. À première vue il donne l'impression d'être simple : il suffirait de ranger les fiches par parties, puis sous-parties, paragraphes, et ainsi d'avoir sous la main exactement le matériau nécessaire pour argumenter et illustrer chaque passage de la rédaction.

En fait il s'avère qu'il y a rangement et rangement. Il est possible de faire vite, en identifiant rapidement le thème de la fiche, et en la plaçant dans le paquet destiné à la partie traitant de ce thème (c'est en général ainsi qu'il faut procéder quand le travail est purement descriptif). Autrefois le classement de mes fiches selon le plan ne me demandait guère qu'une petite demi-journée. Et puis j'ai appris que l'évidence du thème apparent n'était pas toujours le meilleur classement. Ceci étant surtout valable quand l'objet est fondé sur un modèle théorique : les fiches peuvent avoir plusieurs entrées. Elles peuvent illustrer le thème descriptif. Mais elles peuvent aussi être utilisées à un tout autre endroit et de façon beaucoup plus efficace, pour fournir le matériau nécessaire à une argumentation théorique. Il est donc précieux d'avoir une lecture volontiers iconoclaste au moment du rangement des fiches, d'imaginer les reformulations du plan que des classements imprévus peuvent induire, et de prendre le temps nécessaire pour ne pas constituer trop vite les paquets selon les thèmes apparents. La qualité des enchaînements argumentaires et de l'architecture interne de l'objet dépend pour beaucoup de cette phase, ainsi que la dimension théorique (les fiches rangées selon les thèmes descriptifs aplatissent obligatoirement l'objet). J'y consacre désormais environ une semaine.

2. L'ESTHÉTIQUE DE L'OBJET

2.1 L'art du paquet

Le terme d'objet, couramment employé en sociologie, se réfère au processus d'objectivation : construire un objet, c'est rompre avec les perceptions subjectives et le savoir commun. Pour aboutir à ce résultat, le chercheur réalise une recherche, ferme le modèle en phase terminale, rédige un travail fini pouvant se suffire à lui-même. En d'autres termes : il fabrique un véritable objet, un objet formel et même physique, prenant la forme d'un texte écrit. Dans les pages qui suivent, je parle d'objet pour désigner cet objet formel, ce qui pourra surprendre certains, habitués à l'emploi du terme dans le sens exclusif (et souvent abstrait) d'objectivation : est-ce que je n'introduis pas ainsi un risque de confusion ? Je ne le pense pas, pour une raison simple : le croisement des deux sens du mot en phase terminale ne me semble pas dû au hasard, la fabrication de l'objet formel constituant un élément intrinsèque du processus d'objectivation.

J'aime prendre l'image de l'artiste (disons celle du sculpteur pétrissant l'argile) pour me représenter l'effort de recherche. Le chercheur n'est pas quelqu'un qui accumule tranquillement jour après jour : il travaille fiévreusement son matériau comme le sculpteur son argile, cherchant à lui donner forme et à y introduire des perceptions nouvelles. Son art tient pour l'essentiel à son apport théorique personnel. Mais celui-ci doit être convaincant, bien construit, parfaitement exposé. Il n'est pas de bonne recherche sans harmonie interne de l'objet et travail sur la forme.

L'effort de type artistique commence dès le début : la question de départ, puis la mise au point du groupe d'hypothèses centrales, sont des éléments essentiels, le cœur de l'objet, conditionnant sa force et sa beauté. Toutefois, les aspects esthétiques se renforcent en phase terminale. La fermeture du modèle se rapporte pour beaucoup à ces aspects : il faut équilibrer l'ensemble, remplir les vides, lisser ce qui accroche, soigner les enchaînements. Quant à la rédaction, il est évident qu'elle est dominée par les exigences formelles.

L'art du paquet, de l'emballage, n'est pas un art mineur. Ne pas s'en préoccuper, c'est risquer de dilapider le travail antérieur. À l'opposé, réussir l'enveloppement final peut racheter bien des insuffisances. Il est même (ceci n'est toutefois pas un idéal à poursuivre) des spécialistes de l'art du paquet et de l'écriture qui parviennent à éblouir tant qu'on ne voit pas qu'il n'y a rien à l'intérieur.

2.2 La structure interne

Deux éléments concourent à la beauté de l'objet scientifique. Les aspects de présentation et de rédaction, plus spécifiquement esthétiques, omniprésents en phase terminale. Et la structure interne, le cœur théorique, la qualité des articulations et des enchaînements argumentaires, la logique et la cohérence du raisonnement. Ce second aspect est parfaitement au croisement des deux sens du mot objet : une belle recherche est celle qui parvient à déboucher sur un résultat à la fois nouveau et bien construit ; l'architecture interne participe à la fois à la beauté de l'objet et à l'objectivation scientifique.

Au début le chercheur n'a que quelques questions, quelques hypothèses ; puis son capital augmente jour après jour. Il ne doit surtout pas se contenter d'accumuler : le plus important est sans doute le travail sur les liens entre hypothèses. Il doit les enchaîner les unes aux autres, les inscrire dans des modèles, et à travers cet effort, déboucher sur de nouvelles hypothèses, de niveau supérieur. Il lui faut également hiérarchiser. Ce n'est pas toujours facile ; les choix sont parfois déchirants. Mais s'il ne le fait pas, la hiérarchisation se fera malgré lui. Autant donc la conduire : chaque hypothèse occupe une place plus ou moins haute dans la hiérarchie. C'est de ces places que dépend la construction de l'architecture : autour des hypothèses centrales s'articulent des hypothèses secondaires, puis encore plus loin des hypothèses de détail. La stabilisation du modèle vient de la valorisation progressive des concepts centraux (Strauss, 1992). Au cours de l'enquête, le modèle se simplifie et s'enrichit à la fois (Michelat, 1975) : le renforcement des concepts centraux le rend plus clair alors qu'en même temps des variations de détail de plus en plus nombreuses sont recueillies.

À nouveau le chercheur est affronté ici à un choix décisif : il peut privilégier soit les concepts centraux, soit les variations de détail ; selon le choix opéré la recherche finale sera complètement différente. Il est rare qu'il y ait conscience de cette alternative dans une première recherche : l'étudiant le plus souvent se laisse emporter dans un sens ou dans l'autre, en général dans celui des variations descriptives. C'est ainsi que des enquêtes pourtant bien menées finissent par se noyer dans d'interminables énumérations de détails. Pour combattre ce risque, il faut absolument hiérarchiser, fixer l'attention sur les concepts centraux, articuler le reste à ces premiers rôles et le faire dépendre d'eux.

Après les avoir suffisamment mis en vedette, il reste à savoir comment présenter les concepts centraux. Comme le modèle, après avoir été remis en cause, malaxés et frottés en tous sens, ils sont ensuite lissés et fermés, mis en scène sous leur meilleur jour et stabilisés autant que possible. La fermeture des concepts est à gérer au plus près : bien que forte elle doit en effet ne pas être exagérée. Fermer le concept signifie que le chercheur ne le considère plus comme une hypothèse, mais y croit, n'a plus de doutes, et cherche à transmettre sa croyance au lecteur. Au-delà d'une certain degré de fermeture, la croyance devient cependant fanatisme et fétichisme (ceci vaut aussi pour le modèle). L'invocation du concept prend alors une forme significative : celle de formules rituelles qui lui donnent une fonction magique ; le chercheur est pris au piège de ses propres mots. Le lecteur a du mal à le suivre sur ce chemin ; d'autant que souvent l'emploi des formules magiques permet au chercheur de se dispenser d'avoir à développer une argumentation : quand les formules magiques remplacent totalement l'argumentation, la recherche n'a plus rien de scientifique.

La juste position est celle d'une croyance forte mais non fanatique, non fétichiste, non dogmatique. Il faut croire à ses concepts centraux, et tenter de les imposer, sinon la construction du modèle est impossible. Il faut parvenir à convaincre le lecteur, au point qu'il ne soit plus nécessaire de redévelopper à chaque fois les arguments fondant le concept. Mais sans dépasser un certain degré. Pour contrôler cette limite à ne pas dépasser, une bonne méthode consiste à adopter un style concret de rédaction du concept, étroitement articulé aux faits et aux idées en discussion, parfois avec des termes différents, adaptés à la spécificité de la situation. Une telle rédaction vivante ne l'affaiblit pas, elle prouve au contraire son caractère opératoire et l'insère de façon précise et efficace dans les argumentations.

2.3 Le montage

Le fil argumentaire est essentiel à la fois à la qualité scientifique et à la beauté de la recherche. Il est l'héritier du fil qui avait servi de guide dans les investigations et la problématisation. En fin de processus, il doit pouvoir se concrétiser dans un coulé parfait de l'écriture. Entre les deux, il se fonde sur un rangement des hypothèses (notamment lors de l'élaboration du plan et du rangement des fiches) permettant de passer d'un fonctionnement de type hypertexte (lors de l'invention des hypothèses) à celui du récit. L'idéal serait de pouvoir rédiger une recherche comme un roman classique ; dont le fil ne serait pas une histoire mais la suite des arguments, parfaitement liée tout en étant pleine de surprises et de rebondissements. La difficulté est de mettre à plat pour le récit, alors que les hypothèses s'interpellent en tous sens : en phase finale, il faut oublier autant que possible ces interférences transversales et privilégier la simplicité et la linéarité du récit central, car la force de l'argumentation en dépend.

Il est nécessaire de faire la chasse aux digressions, aux apartés, aux coupures dans le récit, aux parties qui se suivent sans lien. À nouveau il ne s'agit surtout pas d'accumuler ; mieux vaut souvent supprimer une partie qui ne trouve pas sa place, ou la renvoyer en annexe. Autre qualité : la constance du ton du récit. Une des erreurs les plus fréquentes est la rédaction-sandwich : une tranche de théorie, une tranche de matériau brut. Plus la rédaction est en tranches et plus les tranches sont grosses, plus la recherche risque d'être un échec : la théorie n'a pas été utilisée comme un instrument, le matériau n'a pas parlé. Il faut réussir à lier au plus fin, à malaxer concepts et matériau dans le déroulement du fil argumentaire.

L'utilisation du matériau d'entretiens pose un problème particulier. Là aussi l'erreur la plus fréquente est la rédaction-sandwich : une tranche d'extrait d'entretien, une tranche de commentaire. Là aussi plus les tranches sont grosses, plus la recherche risque d'être un échec. Là aussi il faut au contraire lier au plus fin, et remplacer le commentaire d'entretien (qui est soumission à l'informateur) par le fil argumentaire (qui domine et utilise le matériau). Pour éviter cette dérive, l'élément central est la problématisation : si lors de la rédaction le chercheur est fortement motivé par ses hypothèses et se tient au fil de son argumentation, il ne se laissera pas emporter par son matériau.

Un autre élément est d'ordre plus technique : il faut fractionner les extraits. Il est assez fréquent de voir des extraits de dix lignes ou d'une page, voire plus. Ils sont concevables si l'on utilise l'entretien à titre d'illustration ; mais pas s'il représente un instrument de l'élaboration théorique comme dans l'entretien compréhensif. Il est rare en effet qu'il n'y ait pas plusieurs idées en trois ou quatre lignes d'entretien, ainsi que de subtiles variations d'un mot à l'autre. Produire un extrait trop long brise donc inévitablement le fil argumentaire, en introduisant des éléments nouveaux, et en entraînant le chercheur dans leur commentaire. Il y a sans cesse concurrence entre la logique de l'histoire de vie et le discours théorique du chercheur (Bertaux, 1988) : si le chercheur n'a pas la volonté de couper, c'est l'histoire qui prend le dessus et l'entraîne, ruinant ses espoirs théoriques. Il est donc préférable de sélectionner impitoyablement, de ne prendre que le strict nécessaire à l'argumentation à l'endroit où elle se situe, même s'il faut couper une phrase, ne prendre que trois mots. C'est d'ailleurs pourquoi je préfère très souvent raconter un fragment d'histoire de vie (avec quelques illustrations) que citer intégralement à l'état brut. Car il y a toujours des choses intéressantes à d'autres moments de la bande quand je dois utiliser une histoire à un point précis d'une démonstration : limiter à un extrait serait perdre cette richesse. Je préfère dire tout ce que je sais et qui me semble intéressant à ce point précis. Autre avantage : raconter permet beaucoup plus facilement de se couler dans le moule de l'argumentation, alors que des citations d'extraits, surtout si elles sont longues, introduisent souvent des ruptures.

À ce stade du travail, après le sculpteur et son argile, une autre image m'apparaît : celle du monteur de film. Il a devant lui une histoire et un stock de *rushes*. Il va inlassablement visionner, choisir, placer à l'endroit exact, couper au millimètre, travailler les enchaînements. Le chercheur doit faire exactement la même chose avec son matériau d'entretien. Il doit sélectionner le bon extrait, celui qui est juste à sa place, qui est beau et parlant, et supprimer tout ce qui n'apporte rien ou est marginal par rapport à l'argumentation (de même qu'il doit écarter certaines références théoriques même s'il s'est donné du mal à lire). Là encore l'objectif n'est pas d'accumuler, de noter des extraits d'entretiens et de les reproduire tous au moment de la rédaction. S'il est bon d'avoir de nombreuses fiches, c'est parce qu'elles permettent un plus grand choix. Le déchet ne peut être aussi important que pour le montage d'un film. Mais il peut suffire de 20 ou 30 % de fiches écartées (parce que faibles ou non centrales dans la démonstration) pour que le récit argumentaire prenne du muscle et devienne très convaincant.

3. L'ÉCRITURE

3.1 La légèreté

Après avoir dominé le matériau à partir de sa grille théorique, le chercheur doit parvenir à dominer matériau et théorie dans l'acte d'écriture, à prendre de la distance, de la hauteur, de la légèreté. Il ne s'agit pas seulement de la qualité de l'écriture en elle-même (bien que celle-ci soit importante), mais du fil de l'argumentation. Je l'ai dit : le corpus théorique a une forme hypertexte alors que le document final doit prendre une forme linéaire. Pour assurer cette transition, le chercheur doit se sortir encore plus de la théorie en acte, et mettre au premier plan le travail sur les enchaînements. S'il reste trop près de ses idées issues du travail d'enquête, s'il entre trop dedans en oubliant la rédaction, le fil risque de se casser. De même qu'il est bon d'éviter de reprendre toutes les fiches sur les entretiens, la rédaction doit se détacher un peu des fiches, prendre son envol de temps en temps, y revenir pour vérifier ou illustrer, et repartir dans un nouvel envol.

Ce n'est pas toujours évident, d'autant qu'il ne faut pas aller trop loin en ce sens (et oublier les fiches) et que de nouvelles idées théoriques apparaissent au moment de la rédaction, incitant à la réflexion, et empêchant de se concentrer sur la seule rédaction. En fait ce dernier problème se résout assez facilement. Car la réflexion théorique de dernière heure parvient à s'inscrire dans le style de la phase terminale, où le travail sur les enchaînements est privilégié. Il ne faut surtout pas rouvrir toute grande la boîte aux questions comme au début de la recherche : c'est peut-être dommage pour l'hypothèse, mais elle est condamnée à un traitement rapide, dans un environnement où sont privilégiés les critères esthétiques.

3.2 L'honnêteté

La légèreté de la rédaction n'a pas pour but de faire agréable : c'est un instrument de la scientificité en phase terminale, permettant que soit privilégiée l'argumentation et par suite mis en valeur les concepts centraux et renforcé le modèle théorique. Elle a pour but de maîtriser, de dominer, non d'oublier le travail d'enquête : elle doit donc être d'autant plus rigoureuse que la plume prend de la liberté par rapport à la lettre des fiches.

D'une manière plus générale la méthode de l'entretien compréhensif exige une très grande honnêteté de la part du chercheur. Plus que pour d'autres méthodes, la qualité et la scientificité du travail sont ici fondées sur sa liberté d'interprétation : il est donc impératif qu'il ne prenne pas trop de libertés avec cette liberté, qu'il ne cite pas à la légère tel extrait, qu'il ne raconte pas une histoire de vie à la manière qui l'arrange. S'il se laisse entraîner dans ce mauvais pas, qu'il sache que son crime ne restera pas impuni. D'abord il risque d'être démasqué, surtout à long terme (la justesse des observations de détail se contrôle beaucoup mieux qu'on ne l'imagine : le lecteur averti sent très bien quand une recherche sonne juste). Ensuite et surtout : par ce procédé il se condamne à ne plus avancer, car toute la richesse vient de la vérité du matériau, dans ses moindres détails. Il faut la respecter absolument, toujours.

Le respect de la vérité du matériau ne consiste pas à rédiger les entretiens à plat et avec prudence. Au contraire il faut tenter de restituer le relief qui leur donne du sens, commenter quand une phrase ne parle pas assez d'elle-même, prendre un style vivant quand la situation l'exige. Si la personne a ri a gorge déployée et que ce rire a un sens, il faut que le lecteur le sache ; si elle murmure parce qu'elle considère que son point de vue doit rester discret, il faut le dire ; si elle s'emporte, il faut trouver le ton pour décrire sa colère.

Bien que brefs, les extraits d'entretien doivent être cités au plus près de leur forme originale. Il ne faut pas gommer les bredouillements s'ils disent quelque chose, il faut répercuter les mots grossiers dans leur teneur exacte. Quand la personne dit « merde », écrire « m… » ou oublier pudiquement le terme, ne rend pas l'intensité de la phrase. De la même manière, il ne faut pas hésiter sur la ponctuation pour traduire le rythme et la tonalité des propos : on n'est pas plus près de la vérité en étant réservé et en évitant l'emploi de points d'exclamation (plus fréquents dans l'oral que dans l'écrit). Ce n'est pas l'orthodoxie grammaticale qui compte mais la vérité du matériau : les virgules et les points doivent être placés là où les personnes les mettent. Il faut donc bien écouter le rythme des phrases pour les retraduire à l'aide de parenthèses, points de suspension et autres points-virgules. Voici l'exemple d'une femme aux seins nus, en colère contre un mateur qui ne la quittait pas des yeux. Une retranscription réservée aurait pu donner ceci : « Tu vas te baigner, il va se baigner, et puis il ne nage pas ». En fait sa phrase exacte avait été la suivante : « Tu vas te baigner : il va se baigner. Et puis il ne nage pas ! »

3.3 Le style

L'entrée de la sociologie à la Sorbonne au début du siècle ne s'est pas effectuée sans remous ni conflits. Le type de démarche prôné par Émile Durkheim, d'objectivation rigoureuse et systématique des faits humains, heurtait en effet toute une tradition d'essayisme littéraire à prétention vaguement sociologique, particulièrement forte en France (Barou, 1992). La nécessité qu'avait la sociologie de s'imposer la conduisit dans ce contexte à forcer le trait : le style n'hésita pas à se faire dense et pesant, impersonnel, sans élégance ni émotion, pour bien marquer la spécificité de l'approche objectivante. Nous sommes encore aujourd'hui les héritiers directs de cette histoire. Une discipline se définit pour beaucoup par son style, et le style de la sociologie se définit en partie en opposition à tout ce qui pourrait paraître littéraire. Certes il existe dans ce cadre étroit de belles écritures sociologiques, un art poétique des formules épaisses, une musique des expressions absconses, un régal ésotérique pour le microcosme académique. L'étudiant est irrésistiblement tenté d'imiter ces modèles, en multipliant les formules théoriques dans leurs termes à la mode, même quand il les maîtrise mal. « L'orthodoxie verbale » permettant de s'approprier un « label d'appartenance à la science vraie » (Passeron, 1991, p. 142), et « l'exercice ostentatoire de la rigueur lexicologique » créant l'illusion de la théorie générale (p. 143). Hélas le résultat n'est pas toujours conforme aux espérances : il ne suffit pas de truffer un texte de mots puisés dans la culture sociologique pour qu'il devienne digne de celle-ci. Et bien souvent l'emphase et l'enflure, les emplois à contre-sens ou hors-sujet, les erreurs dans le détail des expressions, produisent le plus mauvais effet. Tenter d'élever le niveau théorique dans la rédaction, de s'inspirer des belles écritures académiques, n'est pas condamnable en soi ; mais chacun doit mesurer ses capacités, ne pas jeter des mots abstraits au petit bonheur, savoir ne pas en faire trop.

Il est possible aussi de rédiger dans un autre style, plus simple, plus personnel, tout en respectant les contraintes de la recherche. Certains auteurs n'ont pas hésité à se libérer de ces dernières pour se concentrer sur l'écriture, poétique comme Pierre Sansot, romanesque comme Jean-François Laé. L'étudiant qui se prépare à affronter un jury ne peut se permettre de telles libertés : il est dans un cadre strictement scientifique et doit y rester. Mais à l'intérieur de ce cadre, il peut proposer une écriture sensiblement différente de ce qu'il imagine être le modèle de toute écriture sociologique, surtout quand son enquête s'est fondée sur l'entretien compréhensif, car ici, la théorie est fondée sur une argumentation menée pas à pas, concrètement, dans la confrontation précise avec les faits ; le cœur de l'objectivation scientifique est ce fil argumentaire. Or il n'est pas inimaginable que ce dernier puisse être raconté, de façon simple et vivante. L'écriture plus libre ne se situe plus alors en opposition à l'objectivation scientifique ; elle s'inscrit dans son cours rénové.

Quand le chercheur rédige, explique ses arguments, les enchaîne pour faire ressortir ses concepts centraux, il est bon qu'il se donne un objectif de clarté. Au lieu d'ajouter des couches de jargon ou d'opacités diverses pour faire théorique, il devrait au contraire s'efforcer de retrancher tout ce qui rend son propos moins clair, pour transmettre avec un maximum d'efficacité ses arguments, qui sont le cœur de la théorie vivante. Bien sûr tout ne peut être écrit simplement ; quand l'enchaînement des concepts est complexe, il ne peut être rendu par trois mots guillerets. Mais tout peut être écrit plus simplement ; des mots peuvent être allégés, des liaisons rendues plus fluides, toujours. Il n'est pas interdit non plus de rédiger un texte vivant, personnel : c'est tout bénéfice si ce style est mis au service de l'apport théorique. Il existe certes un risque de dérive, de contournement de la construction rigoureuse de l'objet, de facilité des allusions et des métaphores épargnant l'effort de démonstrations plus systématiques. Tout, encore une fois, est affaire de maîtrise du processus de recherche : plus le chercheur tient fermement les rênes, plus il peut s'autoriser des libertés, qui n'affaibliront pas mais renforceront la portée scientifique de son travail.

3.4 La double audience

L'étudiant qui rédige son mémoire en vue d'une soutenance déplore parfois la faiblesse quantitative de son public (surtout quand il pense à la masse de travail qu'il a engagée) : trois ou quatre lecteurs, une dizaine dans le meilleur des cas. Cet inconvénient a toutefois son revers positif : il sait très précisément pour qui il écrit, et doit effectivement écrire pour ce public très ciblé.

Quand le chercheur a le bonheur de publier plus largement, la chose se complique : pour qui doit-il écrire ? Certains conservent à la virgule près le style du microcosme ; et le large public se réduit au microscopique. D'autres au contraire prennent le langage vif (ou politique) de l'air du temps ; mais ils perdent leur âme de sociologue. L'articulation de divers niveaux de public est à la vérité très difficile à réaliser, tout excès dans un sens mécontentant l'autre sens, selon le principe des vases communicants.

Face à cette difficulté, l'entretien compréhensif offre une chance, qui n'est pas uniquement liée au style d'écriture, mais plus profondément au mode de construction de l'objet. Anselm Strauss (1992) explique pourquoi la *Grounded Theory* ouvre la possibilité d'une double audience, de deux publics parfois nettement séparés : le déroulement de la théorie à partir de l'investigation d'un fait social concret offre en effet deux entrées, renvoyant à deux catégories de lecteurs. « Simplement les deux ne mettent pas les mêmes lunettes » (p. 61). L'homme ordinaire, connaisseur ou curieux du fait concret, lit les histoires et les descriptions factuelles, survolant les idées, plongeant ici ou là dans une qui lui est plus proche. Le scientifique quant à lui a deux possibilités. Il peut prendre le texte ayant utilisé l'entretien compréhensif comme un texte agréable, voire de détente, faisant une lecture proche de celle de l'homme ordinaire. C'est tout à fait son droit. Mais il peut aussi le lire sous l'angle de ses apports théoriques. Cette dernière option exige toutefois du lecteur un travail personnel. Dans la théorie classique, les concepts sont immédiatement disponibles, dégagés du concret, clairement proposés, livrés prêts à consommer. Dans la théorie fondée sur les faits, ils sont produits en direct, dans une confrontation permanente avec le concret. Ils ne s'en séparent donc et n'atteignent l'abstraction pure que rarement, en de brefs passages (sauf à rédiger quelques chapitres plus classiques). Car c'est justement leur genèse concrète qui fait leur force et leur richesse. Le lecteur a obligatoirement des intérêts décalés par rapport aux faits exposés. S'il veut tirer un bénéfice théorique de sa lecture, il doit donc extraire ce qui a résonné en lui et lui semble utile, même si le concept était à peine émergent, construire des transversalités, reprendre certains des instruments qu'il a vus au travail, les appliquer ailleurs, et continuer à les transformer. Le lecteur aussi doit entrer dans la logique compréhensive et le travail continuel de problématisation qu'elle implique. Plus qu'une offre de concepts finis, l'entretien compréhensif est une fabrique d'outils provisoires, permanente et ouverte.

CONCLUSION

La méthodologie ne peut se transmettre comme un savoir explicite qu'à faibles doses : le meilleur traité ne fournira jamais que quelques instruments. Rien ne remplace l'expérience. C'est pourquoi je donnerais les conseils suivants pour qui souhaiterait utiliser ce livre. Après l'avoir lu intégralement, pour assimiler la logique d'ensemble, il est d'une certaine manière préférable de l'oublier, de forger ses propres outils adaptés à l'enquête à mener, d'imaginer sa méthode personnelle. Sans faire table rase du passé : en reprenant les principes entendus ici ou là (notamment dans ce livre) et qui semblent pouvoir être utiles. L'important est l'intériorisation sélective des acquis, leur intégration dans une démarche personnelle, la maîtrise d'une logique globale. En évitant, je l'espère, l'emploi à contresens de certains des instruments que je propose (par exemple adopter un échantillon souple et changeant pour une enquête descriptive systématique) : les techniques signalées sont toujours à interpréter dans l'esprit d'ensemble de l'entretien compréhensif avant d'être éventuellement réimplantées dans un autre cadre.

Ce conseil ne doit pas être mal interprété, lu comme une incitation à la liberté sans règles, à l'improvisation anarchique. L'entretien compréhensif est une méthode créative, fondée sur la souplesse des instruments. Mais ce n'est pas une méthode facile et sans principes, tout au contraire. Pour l'expliquer, j'ai été amené à l'opposer à des méthodologies plus rigides. Cette distinction (qui n'était pas une critique) aura pu éveiller l'intérêt d'étudiants enthousiastes à l'idée d'une sociologie joyeuse et légère. Mais il n'est pas possible d'imaginer qu'il puisse exister de bonne recherche sociologique sans travail ni rigueur : bien que souple, l'entretien compréhensif en exige beaucoup. Et sa mise au point n'est jamais terminée : ce n'est pas non plus une méthode immédiatement disponible.

Lors de son premier travail de recherche l'étudiant dépasse la connaissance abstraite de la méthodologie : il doit obligatoirement mettre la main à la pâte, et pour cela choisir ses instruments. Il ne réfléchit pas alors en termes de méthode générale : la tête dans son enquête, il cherche très concrètement comment s'organiser dans un contexte précis. Parmi les choix qu'il opère, certains s'avéreront mauvais et il les abandonnera par la suite, d'autres, bien que bons, ne pourront être reproduits, car spécifiquement liés à une enquête. Les derniers enfin ne sont rien d'autre que les bases de sa méthodologie personnelle (en gestation), qu'il a d'assez fortes chances de garder toute sa vie (en la perfectionnant) s'il a la chance de consacrer sa vie à la sociologie. Les premiers pas sont toujours importants.

BIBLIOGRAPHIE

1. Ouvrages essentiels

BLANCHET A., dir. (1985), *L'Entretien dans les sciences sociales*, Paris, Dunod. Le livre, dossier assez peu construit, rassemble des contributions très diverses autour de l'entretien. Il est intéressant cependant pour certaines d'entre elles, qui apportent des informations utiles. En particulier le texte d'Anne Gotman, qui est fondé sur une expérience intime de l'entretien. Et celui, très original, d'Hélène Bézille, qui donne les résultats d'une petite recherche sur la façon dont les personnes interrogées perçoivent l'enquêteur.

BOURDIEU P. (1993), « Comprendre », dans *La Misère du monde,* Paris, Seuil. L'auteur soutient que « comprendre et expliquer ne font qu'un », l'entretien devant être utilisé comme un « exercice spirituel » fait de « dispositions accueillantes » et d'« amour intellectuel » permettant de libérer chez l'enquêté tout ce qu'il peut dire, y compris ce qu'il ne dirait jamais dans une situation ordinaire. La méthode proposée est cependant différente de celle de l'entretien compréhensif. La construction de l'objet s'opère en effet à partir d'un savoir préalable, comme dans le modèle classique. Il n'y a donc pas de phase d'investigation du matériau : l'essentiel de la compréhension (davantage compréhension de la personne que découverte d'idées nouvelles) se fixe sur l'opération de conduite des entretiens.

Ce texte n'en constitue pas moins un document important étant donné la position de Pierre Bourdieu dans le champ intellectuel, et l'ampleur du retournement qu'il effectue. On lira en particulier les belles phrases sur le « bonheur d'expression » des interviewés.

GEERTZ C. (1986), « Du point de vue de l'indigène : sur la nature de la compréhension anthropologique », dans *Savoir local, savoir global,* Paris, PUF. La méthode de l'entretien compréhensif est plus proche de l'enquête ethnographique que de la conception impersonnelle de l'entretien. Ce texte qui ne parle pourtant pas de l'entretien pourra donc (comme ceux de Paul Rabinow et d'Olivier Schwartz présentés ci-dessous) être repris avec intérêt.

Le chercheur doit tenter de comprendre intimement son informateur. Une telle compréhension ne vient pas d'une posture psychologique, de la seule empathie, mais de la capacité intellectuelle à saisir les concepts indigènes. Le travail scientifique consiste ensuite en un « aller-retour dialectique continu entre le plus local des détails locaux » et les cadres d'interprétation les plus généraux.

KAUFMANN J.-C. (1992), *La Trame conjugale, analyse du couple par son linge*, Paris, Nathan, coll. « Essais et Recherches ».
KAUFMANN J.-C. (1995), *Corps de femmes, regards d'hommes, sociologie des seins nus*, Paris, Nathan, coll. « Essais et Recherches ».
Deux exemples de mise en pratique de l'entretien compréhensif.

MAROY C. (1995), « L'analyse qualitative d'entretiens », dans ALBARELLO L., DIGNEFFE F., HIERNAUX J.-P., MAROY C., RUQUOY D., de SAINT-GEORGE P., *Pratiques et méthodes de recherche en sciences sociales,* Paris, Armand Colin. Bien informé sur les travaux anglo-saxons de méthodologie qualitative, cet article détaille diverses modalités pour élaborer les grilles d'analyse à partir du matériau d'entretiens. Avec une attention portée sur les étapes du processus et le fil directeur de la recherche.

MESSU M. (1990), « Subjectivité et analyse de contenu », *Cahier de Recherche,* n° 6, CREDOC. L'auteur critique le fait que la subjectivité du chercheur soit dénoncée comme un véritable bouc émissaire, et opposée aux critères de la scientificité. Alors qu'il convient au contraire de lui trouver sa place dans la démarche scientifique. Sans travail d'interprétation, l'analyse de contenu reste une forme vide.

MICHELAT G. (1975), « Sur l'utilisation de l'entretien non directif en sociologie », *Revue française de sociologie,* XVI-2. Un texte un peu ancien, mais qui reste un des meilleurs sur l'entretien. Certains effets de modes contraires ont sans doute empêché qu'il ait l'écho mérité. À noter en particulier une tentative de rapprochement avec l'ethnologie et la psychanalyse.

MILLS W. (1967), *L'Imagination sociologique,* Paris, Maspéro. Publié en 1959 aux États-Unis, ce violent réquisitoire contre certaines dérives de la sociologie conserve en de nombreux passages une actualité salutaire. Contre la théorie spéculative, la méthode pour la méthode et les conceptions bureaucratiques de la recherche, l'auteur défend la figure de l'« artisan intellectuel », ayant à la fois le sens du concret, de la théorie et de la méthode, renouant ainsi avec la position des pionniers de la sociologie.

Rabinow P. (1988), *Un ethnologue au Maroc. Réflexions sur une enquête de terrain*, Paris, Hachette. À partir d'une enquête ethnologique, le livre développe des considérations de méthode qui sur bien des points peuvent être transposables à l'entretien compréhensif. L'auteur démystifie la notion de terrain, loin de certaines images puristes et abstraites. Tâtonnements, ruses, voire coups de force de l'enquêteur, sont souvent utiles pour faire bien parler. Il montre également comment la position de l'informateur par rapport à l'objet définit un type de matériau spécifique. Et qu'il est nécessaire que ce dernier fasse un travail sur lui-même, « expérience difficile et éprouvante », le sortant de son cadre habituel, pour livrer les données correspondant le mieux aux attentes du chercheur.

Schwartz O. (1993), « L'empirisme irréductible », postface à Nels Anderson, *Le Hobo,* Paris, Nathan, coll. « Essais et Recherches ». L'auteur rejette le « modèle fort » d'une rigueur formelle mutilant les possibilités de découverte, la souplesse ainsi acquise nécessitant en contrepartie de la prudence dans les généralisations et une « conscience critique ». Il défend la vision maussienne du fait social porteur de sens, qui ouvre à la sociologie compréhensive. Et prône une démarche sachant retrouver les structures sociales dans la profondeur des matériaux concrets.

Strauss A. (1992), *La Trame de la négociation. Sociologie qualitative et interactionnisme*, Paris, L'Harmattan. L'auteur défend l'idée d'une théorie fondée sur les faits (*Grounded Theory*), le travail de terrain étant l'instrument permettant son élaboration progressive. Cette conception rend impossible l'application d'un protocole d'enquête prévu et codifié à l'avance. Au contraire le chercheur doit s'adapter aux contingences et aux découvertes du terrain, et s'appuyer sur la théorie en voie de formation pour redéfinir les dernières phases de l'enquête. À lire en particulier l'introduction d'Isabelle Baszanger et le dernier chapitre « La méthode comparative continue d'analyse qualitative ».

2. Bibliographie complémentaire

ALTHUSSER L. (1959), *Montesquieu. La politique et l'histoire*, Paris, PUF.

BARDIN L. (1977), *L'Analyse de contenu,* Paris, PUF.

BAROU J. (1992), « Littérature et sociologie », *Informations sociales,* n° 20.

BATTAGLIOLA F., BERTAUX-VIAME I., FERRAND M., IMBERT F. (1993), « À propos des biographies : regards croisés sur questionnaires et entretiens », *Population,* n° 2.

BERGER P. (1973), *Comprendre la sociologie,* Paris, Le Centurion.

BERGER P., LUCKMANN T. (1986), *La Construction sociale de la réalité,* Paris, Méridiens-Klincksieck.

BERTAUX D. (1988), « Fonctions diverses des récits de vie dans le processus de recherche », *Sociétés,* n° 18.

BERTAUX D. (1997), *Les Récits de vie*, Paris, Nathan, coll. « 128 ».

BLANCHET A., GOTMAN A. (1992), *L'Enquête et ses méthodes : l'entretien,* Paris, Nathan.

BOUDON R. (1990), *L'Art de se persuader,* Paris, Fayard.

BOURDIEU P. (1988), Préface à Rabinow Paul, *Un ethnologue au Maroc. Réflexions sur une enquête de terrain*, Paris, Hachette.

BOURDIEU P. (1992), *Réponses,* Paris, Seuil.

CIBOIS Ph. (1985), « Belle-Île : débat de presse sur un été chaud. Étude par la méthode "synoptique" », *Déviance et société,* vol. 9, n° 4.

CORCUFF Ph. (1995), *Les Nouvelles Sociologies,* Paris, Nathan, coll. « 128 ».

CRETTAZ B. (1987), « Un chercheur et son identité ou de la recherche comme essai », dans Kellerhals Jean et Lalive d'Épinay Christian, *La Représentation de soi,* Cercle d'analyse « Médiations », Université de Genève.

DEMAZIÈRE D., DUBAR C., (1997), *Analyser les entretiens biographiques. L'exemple de récits d'insertion*, Paris, Nathan, coll. « Essais et Recherches ».

DOUGLAS J. (1976), *Investigative Social Research,* Beverly Hills-London, Sage Publications.

DOUGLAS M. (1990), « La connaissance de soi », *La Revue du MAUSS,* n° 8.

DURKHEIM E. (1947), *Les Règles de la méthode sociologique*, Paris, PUF.

ELIAS N. (1991a), *Norbert Elias par lui-même,* Paris, Fayard.

ELIAS N. (1991b), *Qu'est-ce que la sociologie ?* La Tour d'Aigues, Éditions de l'Aube.

ELIAS N (1991c), *La Société des individus,* Paris, Fayard.

ELIAS N. (1993), *Engagement et distanciation,* Paris, Fayard.

ELSTER J. (ed.) (1985), *The Multiple Self,* Cambridge University Press.

FRUGONI A. (1993), *Arnaud de Brescia,* Paris, Belles Lettres.

GAUCHET M. (1985), *Le Désenchantement du monde,* Paris, Gallimard.

GOTMAN A. (1985), « La neutralité vue sous l'angle de l'E.N.D.R. », dans Blanchet A., dir., *L'Entretien dans les sciences sociales,* Paris, Dunod.

GULLESTAD M. (1992), « Reflections of an Anthropological Computer », dans *The Art of Social Relutions,* Oslo, Scandinavian University Press.

JOUSSE M. (1974), *L'Anthropologie du geste,* Paris, Gallimard.

JULLIEN F. (1995), *Le Détour et l'Accès,* Paris, Grasset.

LAÉ J.-F. (1992), « L'embarras des perceptions », *Informations sociales,* n° 20.

LÉGER J.-M., FLORAND M.-F. (1985), « L'analyse de contenu : deux méthodes, deux résultats ? », dans Blanchet A., dir., *L'Entretien dans les sciences sociales,* Paris, Dunod.

LOUBET DEL BAYLE J.-L. (1989), *Introduction aux méthodes des sciences sociales*, Toulouse, Privat.

MAUGER G. (1991), « Enquêter en milieu populaire », *Genèses,* n° 6.

MAYER N. (1995), « L'entretien selon Pierre Bourdieu », *Revue française de sociologie,* XXXVI-2.

MESSU M. (1991), « L'analyse propositionnelle du discours », *Cahier de recherche,* CREDOC, n° 15.

MESSU M. (1992), « L'analyse des relations par opposition », *Cahier de recherche,* CREDOC, n° 31.

PASSERON J.-C. (1992), *Le Raisonnement sociologique,* Paris, Nathan, coll. « Essais et Recherches ».

PENEFF J. (1990), *La Méthode biographique,* Paris, Armand Colin.

POIRIER J., CLAPIER-VALLADON S., RAYBAUT P. (1983), *Les Récits de vie. Théorie et pratique,* Paris, PUF.

PUGEAULT C. (1995), « Introduction à la sociologie », dans Despret V., Gossiaux P., Pugeault C., Yzerbyt V., *L'Homme en société,* Paris, PUF.

QUIVY R., VAN CAMPENHOUDT L. (1988), *Manuel de recherche en sciences sociales,* Paris, Dunod.

ROGERS C. (1942, tr. fr. 1977), *La Relation d'aide et la psychothérapie,* Paris, ESF.

SAGALYN A., (éd.) (1988), *Voies de pères, voies de filles,* Paris, Maren Sell.

SIMONOT M. (1979), « Entretien non directif, entretien non préstructuré : pour une validation méthodologique et une formalisation pédagogique », *Bulletin de psychologie,* n° 343.

SINGLY F. DE (1992), *L'Enquête et ses méthodes : le questionnaire*, Paris, Nathan, coll. « 128 ».

TERRAIL J.-P. (1995), *La Dynamique des générations. Activité individuelle et changement social (1968/1993)*, Paris, L'Harmattan.

WEBER M. (1992), *Essais sur la théorie de la science,* Paris, Presses Pocket.

Dans la même collection

Domaine : Sciences Sociales

18. François de Singly, *L'Enquête et ses méthodes : le questionnaire*
19. Alain Blanchet et Anne Gotman, *L'Enquête et ses méthodes : l'entretien*
37. François de Singly, *Sociologie de la famille contemporaine*
41. Marcelle Stroobants, *Sociologie du travail*
46. Yves Grafmeyer, *Sociologie urbaine*
69. Philippe Adam et Claudine Herzlich, *Sociologie de la maladie et de la médecine*
88. Philippe Corcuff, *Les Nouvelles Sociologies*
98. Claudette Lafaye, *Sociologie des organisations*
99. Catherine Rollet, *Introduction à la démographie*
107. Jean-Manuel de Queiroz, *L'École et ses sociologies*
119. François Laplantine, *La Description ethnographique*
122. Daniel Bertaux, *Les Récits de vie*
124. Jean Copans, *Introduction à l'ethnologie et à l'anthropologie*
184. Jérôme Lafargue, *La Protestation collective*

N° de projet : 10046129 - (III) - (8) - OSBK 80 – Mars 1998
Imprimé en France par Pollina, 85400 Luçon - n° 74338